图书在版编目（CIP）数据

徐志摩书信集 / 徐志摩著. —— 南京：江苏人民出版社, 2016.12

ISBN 978-7-214-19822-8

Ⅰ. ①徐… Ⅱ. ①徐… Ⅲ. ①徐志摩（1896-1931）—书信集 Ⅳ. ①K825.6

中国版本图书馆CIP数据核字(2016)第290918号

书　　　名　徐志摩书信集
著　　　者　徐志摩
责 任 编 辑　朱　超
装 帧 设 计　阿鬼书装
版 式 设 计　书情文化
出 版 发 行　凤凰出版传媒股份有限公司
　　　　　　江苏人民出版社
出版社地址　南京市湖南路1号A楼，邮编：210009
出版社网址　http://www.jspph.com
　　　　　　http://jsrmcbs.tmall.com
经　　　销　凤凰出版传媒股份有限公司
印　　　刷　天津光之彩印刷有限公司
开　　　本　700毫米×1000毫米　1/16
印　　　张　13
字　　　数　80千字
版　　　次　2017年5月第1版　2018年7月第2次印刷
标 准 书 号　ISBN 978-7-214-19822-8
定　　　价　35.00元

目录

林徽因

003..................... 林徽因致徐志摩——别丢掉 360315

004..................... 林徽因致徐志摩——我不愿成为拆散你们的根源

007..................... 致林徽因 240522

008..................... 致林徽因 310707

张幼仪

015..................... 致张幼仪 2203××

017..................... 致张幼仪 2611××

018..................... 致张幼仪 261214

020..................... 张幼仪致徐志摩 311110

陆小曼

023..................... 致陆小曼 250303

027..................... 致陆小曼 250304

029..................... 致陆小曼 250310

034..................... 致陆小曼 250311

037..................... 致陆小曼 250312

039..................... 致陆小曼 250314

041..................... 致陆小曼 250326

043..................... 致陆小曼 250410

046..................... 致陆小曼 250526

049..................... 致陆小曼 250625

052..................... 致陆小曼 250626

055..................... 陆小曼致徐志摩 2509××

061..................... 致陆小曼 260206

063...................... 致陆小曼　260207

065...................... 致陆小曼　260217

067...................... 致陆小曼　260218

069...................... 致陆小曼　260219

070...................... 致陆小曼　260220

072...................... 致陆小曼　260221

074...................... 致陆小曼　260223

076...................... 致陆小曼　260224

078...................... 致陆小曼　260225

080...................... 致陆小曼　260226

081...................... 致陆小曼　260226

083...................... 致陆小曼　260227

085...................... 致陆小曼　260709

087...................... 致陆小曼　260717

089...................... 致陆小曼　260718

091...................... 致陆小曼　260721

093...................... 致陆小曼　270820

094...................... 致小曼　270823

096...................... 致陆小曼　271127

097...................... 致陆小曼　280617

101...................... 致陆小曼　280618

104...................... 致陆小曼　280624

106...................... 致陆小曼　280625

111...................... 致陆小曼　280702

114...................... 致陆小曼　280705

116...................... 致陆小曼　281004

119...................... 致陆小曼　281211

122...................... 致陆小曼　281221

124...................... 致陆小曼　310224

126...................... 致陆小曼　310226

128...................... 致陆小曼　310304

130...................... 致陆小曼　310307

132...................... 致陆小曼　310316

133...................... 致陆小曼　310319

137...................... 致陆小曼　310322

139.....................致陆小曼　310401

140.....................致陆小曼　310409

142.....................致陆小曼　310427

145.....................致陆小曼　310514

147.....................致陆小曼　310516

149.....................致陆小曼　31052X

150.....................致陆小曼　310528

152.....................致陆小曼　310614

156.....................致陆小曼　310616

157.....................致陆小曼　310625

161.....................陆小曼致徐志摩　31062×

163.....................致陆小曼　310704

165.....................致陆小曼　310708

167.....................致陆小曼　311001

170.....................致陆小曼　311010

172.....................致陆小曼　311022

173.....................致陆小曼　311022

174.....................致陆小曼　311023

176.....................致陆小曼　311029

178.....................致陆小曼　311109

181.....................陆小曼致徐志摩　311111

183.....................陆小曼致徐志摩　31111×

凌叔华

187.....................致凌叔华　×××××

188.....................致凌叔华　24××××

192.....................致凌叔华　××××××

194.....................致凌叔华　24××××

197.....................致凌叔华　24××××

199.....................致凌叔华　241123

201.....................致凌叔华　24×××

林徽因

任何东西都可被替代。
爱情，往事，记忆，失望，时间……
都可以被替代。
但是你不能无力自拔。

林徽因致徐志摩

别丢掉 360315①

这一把过往的热情，

现在流水似的，

轻轻

在幽冷的山泉底，

在黑夜 在松林，

叹息似的渺茫，

你仍要保存着那真！

一样是月明，

一样是隔山灯火，

满天的星，

只使人不见，

梦似的挂起，

你问黑夜要回

那一句话——你仍得相信

山谷中留着

有那回音！

二十一年夏

载一九三六年三月十五日《大公报·文艺副刊》②

---

① 写于1932年，刊1936年3月15日《大公报·文艺》。

② 此文是林徽因为纪念徐志摩遇难一周年而创作的怀人作品。

林徽因致徐志摩

我不愿成为拆散你们的根源①

志摩：

　　我走了，带着记忆的锦盒，里面藏着我们的情，我们的谊，已经说出和还没有说出的话走了。我回国了，伦敦使我痛苦。我知道您一从柏林回来就会打火车站直接来我家的。我怕，怕您那沸腾的热情，也怕我自己心头绞痛着的感情，火，会将我们两人都烧死的。

　　原谅我的怯懦，我还是个未成熟的少女，我不敢将自己一下子投进那危险的旋涡，引起亲友的误解和指责，社会的喧嚣与诽难，我还不具有抗争这一切的勇气和力量。我也还不能过早的失去父亲的宠爱和那由学校和艺术带给我的安宁生活。我降下了帆，拒绝大海的诱惑，逃避那浪涛的拍打……

　　我说过，看了太多的小说我已经不再惊异人生的遭遇。不过这是诳语，一个自大者的诳语。实际上，我很脆弱，脆弱得像一支暮夏的柳条，经不住什么风雨。

　　我忘不了，也受不了那双眼睛。上次您和幼仪去德国，我、爸爸、西滢兄在送别你们时，火车启动的那一瞬间，您

林徽因

---

① 1921年，16岁的林徽因写给徐志摩的分手信。

和幼仪把头伸出窗外，在您的面孔旁边，她张着一双哀怨、绝望、祈求和嫉意的眼睛定定地望着我。我颤抖了。那目光直透我心灵的底蕴，那里藏着我的知晓的秘密，她全看见了。

其实，在您陪着她来向我们辞行时，听说她要单身离你去德国，我就明白你们两人的关系起了变故。起因是什么我不明白，但不会和我无关。我真佩服幼仪的镇定自若，从容裕如的风度，做到这一点不是件易事，我就永远也做不到。她待我那么亲切，当然不是装假的，你们走后我哭了一个通宵，多半是为了她。志摩，我理解您对真正爱情幸福的追求，这原也无可厚非；我但恳求您理解我对幼仪悲苦的理解。她待您委实是好的，您说过这不是真正的爱情，但获得了这种真切的情分，志摩，您已经大大有福了。尽管幼仪不记恨于我，但是我不愿意被理解为拆散你们的主要根源。她的出走使我不能再在伦敦居住下去。我要逃避，逃得远远的，逃回我的故乡，让那里浓荫如盖的棕榈、幽深的古宅来庇护我，庇护我这颗不安宁的心。

我不能等您回来后再做这个决定。那样，也许这个决定永远也无法做出了。我对爸爸说，我很想家，想故乡，想马上回国。他没问什么，但是我知道他一切都清楚，他了解我，他永远是我最好的朋友。他同意了。正好他收到一封国内的来信，也有回国一次的意向，就这样，我们就离开了这留着我的眼泪多于微笑的雾都。

我不能明智如哪个摔破瓦盆头也不回的阿拉伯人，我是女人，总免不了拖泥带水，对"过去"要投去留恋的一瞥。我留下这一封最后的紫信——紫色，这个我喜欢的哀愁、忧郁、悲剧性的颜色，就是我们生命邂逅的象征吧。

走了，可我又真的走了吗？我又真的收回留在您生命里一切吗？又真的奉还了您留在我生命里的一切吗？

我们还会重逢吗？还会继续那残断的梦吗？

我说不清。一切都交给那三个纺线的老婆子吧①，听任她们神秘的手将我们生命之线拉扯的怎样，也许，也许……只是，我不期待，不祈求。

徽徽

林徽因

---

① 这里指希腊神话中的命运女神，她们的任务是纺制人间的命运之线，同时按次序剪断生命之线。

致林徽因　240522①

　　我真不知道我要说的是什么话，我已经好几次提起笔来想写，但是每次总是写不成篇，这两日我的头脑总是昏沉沉的，开着眼闭着眼却只见大前晚模糊的月色，照看我们不愿意的车辆，迟迟的向荒野里退缩，离别！怎么的能叫人相信？我想着了就要发疯。这么多的丝，谁能割得断？我的眼前又黑了……

[一九二五年五月二十二日]②

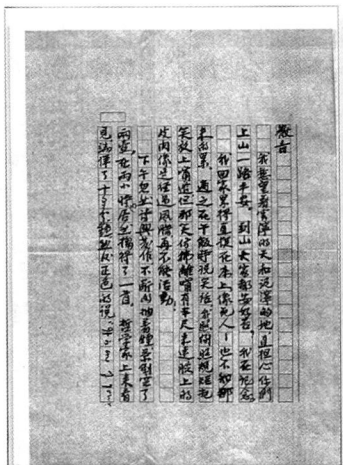

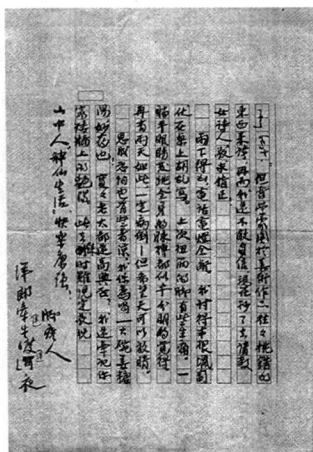

徐志摩致林徽因书信

---

① 此信据香港商务本辑录。

② 原信不署年、月、日。据保存者，美国恩厚之先生透露。1924年5月22日，林徽因在北京车站送泰戈尔一行去太原，徐志摩、恩厚之均随泰戈尔行。徐志摩在火车车厢内匆匆写此信，未写完即开车，恩厚之见徐志摩十分伤感，抢过此信收进了自己的皮包。故此信当作于是时。

致林徽因　310707①

徽因：

我愁望着云泞的天和泥泞的地，直担心你们上山一路平安。到山上②大家都安好否？我在记念。

我回家累得直挺在床上，像死人——也不知哪来的累。适之在午饭时说笑话，我照例照规矩把笑放上嘴边，但那笑仿佛离嘴有半尺来远，脸上的皮肉像是经过风腊，再不能活动！

下午忽然诗兴发作，不断的抽着姻，茶倒空了两壶，在两小时内、居然诌得一首。哲学家③上来看见，端详了十多分钟，然色正色的说"It is one of your very best.④"但哲学家关于美术作品只往往挑错的东西来夸，因而，我还不敢自信，现在抄了去请教女诗人，敬求指正！

雨下得凶，电话电灯全断。我讨得半根蜡，匍伏在桌上胡乱写。上次扭筋的脚有些生痛。一躺平眼睛发跳，全身的脉搏都似乎分明的觉得。再有两天如此，一定病倒——但希望天可以放晴。

思成恐怕也有些着凉，我保荐喝一大碗姜糖汤，妙药也！宝宝老太都还高兴否？我还牵记你家矮墙上的艳阳。此

---

① 此信摘自《林徽因文集·文学卷》
② "上山"，指1931年林徽因全家到北京香山静宜楼小住。
③ 哲学家：指金岳霖。
④ 意为这是你最好的诗。

宵清籟减黄鶴時警

山空迹孤白鴈忽來

林徽因书画作品

去归来时难说定，敬祝

山中人"神仙生活"，快乐康强！

脚疼人

洋郎牵［洋］牛渡［洋］河夜

你 去

徐志摩

林徽因

你去，我也走，我们在此分手；

你上那一条大路，你放心走，

你看那街灯一直亮到天边，

你只消跟从这光明的直线！

你先走，我站在此地望着你：

放轻些脚步，别教灰土扬起，

我要认清你远去的身影，

直到距离使我认你不分明。

再不然，我就叫响你的名字，

不断的提醒你，有我在这里，

为消解荒街与深晚的荒凉，

目送你归去……

不，我自有主张，

你不必为我忧虑；你走大路，

我进这条小巷。你看那株树，

高抵着天，我走到那边转弯，

再过去是一片荒野的凌乱；

有深潭，有浅洼，半亮着止水，

在夜芒中像是纷披的眼泪；

有乱石，有钩刺胫踝的蔓草，

在守候过路人疏神时绊倒，

但你不必焦心，我有的是胆，

凶险的途程不能使我心寒。

等你走远，我就大步的向前，

这荒野有的是夜露的清鲜；

也不愁愁云深裹，但求风动，

云海里便波涌星斗约流汞；

更何况永远照彻我的心底，

有那颗不夜的明殊，我爱——你！

[一九三一年] 七月七日①

林徽因书画作品《月季》

---

① 此信不署年份，据信中内容所考当作于1931年。

林徽因

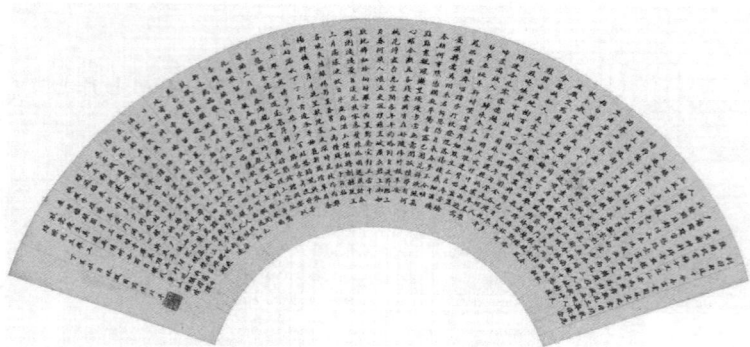

林徽因扇面作品

张幼仪

我不是有魅力的女人，
不像别的女人那样，
我做人严肃，
因为我是苦过来的。

致张幼仪 2203××①

故转夜为日，转地狱为天堂，直指顾间事矣。无爱之婚姻无可忍，自由之偿还自由。……真生命必自奋斗自求得来，真幸福亦必自奋斗自求得来，真恋爱亦必自奋斗自求得来！彼此前途无限，……彼此有改良社会之心，彼此有造福人类之心，其先自作榜样，勇决智断，彼此尊重人格，自由离婚，止绝苦痛，始兆幸福，皆在此矣。

[一九二二年三月]

---

① 此信不全。转到于1932年11月1日《新月》第四卷第一号胡适《追悼志摩》一文，及《小脚与西服》一书，第159页。此信为部分摘录。

张幼仪

中年张幼仪

致张幼仪　2611××①

……我们在上海一无事情，现在好了，房子总算完了工，定十月十二日（阴历）回家，从此我想隐居起来，硖石至少有蟹和红叶，足以助诗兴，更不慕人间矣！……

[一九二六年十一月上旬]

张幼仪与年幼的儿子

---

① 1926年10月3日，徐志摩与陆小曼在北京结婚，于10月13日离京南下，居上海。中途徐志摩单身归故乡看营造中的新屋。从他给张慰慈信中可考，新居于11月上旬完工。故此信当作于11月上旬。此信为部分摘录。

致张幼仪　261214①

幼仪：

爸爸来，知道你们都好，尤其是欢进步得快、欣慰得很。你们那一小家，虽是新组织，听来倒是热闹而且有精神，我们避难人听了十分羡慕。你的信收到，万分感谢你。幼仪，妈在你那里各事都舒适，比在家里还好些，真的，年内还不如晋京的好，一则路上不便，二则回来还不免时时提心吊胆，我们不瞒你说，早想回京，只是走不动，没有办法，我们在上海的生活是无可说的，第一是曼同母亲行后就病，直到今天还不见好，我也闷得慌，破客栈里闲守着，还有什么生活可言。日内搬去宋春舫家，梅白格路六四三号，总可以舒泰些。

阿欢的字真有进步，他的自治力尤其可惊，我老子自愧不如也！丽琳寄一杆笔来"钝"我，但我还不动手，她一定骂我了！

老八②生活如何？盼通信。此候

炉安

志摩

[一九二六年]十二月十四日③

---

① 摘自陈从周先生所编《徐志摩年谱》。

② 老八，即指张幼仪之弟张嘉铸。

③ 书信日期，陈从周在编年谱时误将"十四"写成"二十四"，现据台湾版《徐志摩全集》中影印件纠正。

张幼仪创办的时装品牌　云裳

张幼仪与徐志摩

张幼仪致徐志摩　　311110①

志摩：

　　你说我没有信，天天的无事忙，亦没有机会来提笔。你要的飞机免票，我还没有碰到过他们，未便特地去问，以后再告。老八已从四川回来了，得了不少的经验，看了不少的好景，他大约要到四川中行去了，再有一二个月动身，你年假回沪定可碰到。志金去美后曾有一信，我把他的地名丢了，请你再写一个给我。阿欢读书尚好，英文进步多了，中文在冷僧伯家补课，有多少进步很难说，爸爸近来身体尚好，望勿念。草此即请

　　近安

幼仪上

［一九三一年］十一月十日②

　　倪说你眼热，我记得从前的老法子，用生石膏粉和盐冲开水等他冷了，把面上的水来洗，几天就好。

张幼仪

---

① 此信录自中国社科院《胡适文档》。
② 徐志摩于1931年初前往北京任教，从信的内容上看，此信当作于此年。

陆小曼

恋爱是茶，不能隔夜，
婚姻如酒，越存越香，
只是，大多数人都封不好这瓶酒，
所以许多婚姻跑了气，
到最后，
只剩下一坛苦水，好不狼狈。

致陆小曼　250303①

　　这实在是太惨了，怎叫我爱你的不难受？假如你这番深沉的冤曲有人写成了小说故事，一定可使千百个同情的读者滴泪。何况今天我处在这最尴尬最难堪的地位，怎禁得不咬牙切齿的恨，肝肠迸裂的痛心呢？真的太惨了，我的乖，你前生作的是什么孽，今生要你来受这样惨酷的报应？无端折断一花，尚且是残忍的行为，何况这生生的糟蹋一个最美最纯洁最可爱的灵魂。真是太难了。你的四围全是铜墙铁壁，你便有翅膀也难飞，咳，眼看着一只洁白美丽的稚羊让那满面横肉的屠夫擎着利刀向着她刀刀见血的蹂躏谋杀——旁边站着不少的看客，那羊主人也许在内，不但不动怜惜，反而称赞屠夫的手段，好像他们都挂着馋涎想分尝美味的羊羔哪！咳，这简直的不能想，实有的与想像的悲惨的故事我亦闻见过不少，但我爱，你现在所身受的却是谁都不曾想到过，更有谁有胆量来写？我倒劝你早些看哈代那本 "Jude the Obscure"②吧，那书里的女子Sue③，你一定很可同情她，哈代写的结果叫人不忍卒读，但你得明白作者的意思，将来有机会我对你细讲。

　　咳，我真不知道你申冤的日子在哪一天！实在是没有一个人能明白你，不明白也算了，一班人还来绝对的冤你，阿

---

① 此信据香港良友本摘录。
② 英国作家哈代的长篇小说《无名的裘德》。
③ 淑，是《无名的裘德》书中的女主人公。

呸，狗屁的礼教，狗屁的家庭，狗屁的社会，去你们的，青天里白白的出太阳，这群人血管的血全是冰凉的！我现在可以放怀的对你说，我腔子里一天还有热血，你就一天有我的同情与帮助；我大胆的承受你的爱，珍重你的爱，永保你的爱，我如其凭爱的恩惠还能从我性灵里放射出一丝一缕的光亮，这光亮全是你的，你尽量用吧！假如你能在我的人格思想里发现有些须的资养与温暖，这也全是你的，你尽量使吧！最初我听见人家诬蔑你的时候，我就热烈的对他们宣言，我说你们听着，先前我不认识她，我没有权利替她说话，现在我认识了她，我绝对的替她辩护，我敢说如其女人的心曾经有过纯洁的，她的就是一个。Her heart is as pure and unsoiled as any woman's heart can be; and her soul as noble①。现在更进一层了，你听着这分别，先前我自己仿佛站得高些，我的眼是往下望的，那时我怜你惜你疼你的感情是斜着下来到你身上的，渐渐的我觉得我的看法不对，我不应得站得比你高些，我只能平看着你。我站在你的正对面，我的泪丝的光芒与你的泪丝的光芒针对的交换着，你的灵性渐渐的化入了我的，我也与你一样觉悟了一个新来的影响，在我的人格中四布的贯彻；——现在我连平视都不敢了，我从你的苦恼与悲惨的情感里憬悟了你的高洁的灵魂的真际，这是上帝神光的反映，我自己不由的低降了下去，现在我只能仰着头献给你我有限的真情与真爱，声明我的惊讶与赞美。不错，勇敢，胆量，怕什么？前途当然是有光亮的，没有也得叫他有。一个灵魂有时可以到发黑暗的地狱里去游行，但一点神灵的光亮却永远在灵魂本身的中心点着——况且你不是确信你已经找着了你的真归宿、真想望，实现了你的梦？来，让

① 此文为："她的心同其他女人的心一样纯洁，她的灵魂也同其他女人一样高尚"。

这伟大的灵魂的结合毁灭一切的阻碍，创造一切的价值，往前走吧，再也不必迟疑！

你要告诉我什么，尽量的告诉我，像一条河流似的尽量把他的积聚交给无边的大海，像一朵高爽的葵花，对着和暖的阳光一瓣瓣的展露她的秘密。你要我的安慰，你当然有我的安慰，只要我有我能给；你要什么有什么，我只要你做到你自己说的一句话——"Fight on"①——即使运命叫你在得到最后胜利之前碰着了不可躲避的死，我的爱，那时你就死，因为死就是成功，就是胜利。一切有我在，一切有爱在。同时你努力的方向得自己认清，再不容丝毫的含糊，让步牺牲是有的，但什么事都有个限度，有个止境；你这样一朵稀有的奇葩，决不是为一对不明白的父母，一个不了解的丈夫牺牲来的。你对上帝负有责任，你对自己负有责任，尤其你对于你新发现的爱负有责任，你已往的牺牲已经足够，你再不能轻易糟蹋一分半分的黄金光阴。人间的关系是相对的，应［尽］职也有个道理。灵魂是要救度的，肉体也不能永远让人家侮辱蹂躏，因为就是肉体也含有灵性的。

总之一句话：时候已经到了，你得Assert your own personality②。你的心肠太软，这是你一辈子吃亏的原因。但以后可再不能过分的含糊了，因为灵与肉实在是不能绝对分家的，要不然Nora③何必一定得抛弃她的家，永别她的儿女；重新投入渺茫的世界里去？她为的就是她自己人格与性灵的尊严，侮辱与蹂躏是不应得容许的。且不忙慢慢的来，不必悲观，不必厌世，只要你抱定主意往前走，决不会走过头，前面有人等着你。

---

① 抗争。
② 维护自己的人格。
③ 挪威戏剧家易卜生的《玩偶之家》笔下的女主人公娜拉。

以后的信，你得好好的收藏起，将来或许有用，在你申冤出气时的将来，但暂时决不可泄漏。切切！

[一九二五年] 三月三日①

陆小曼《涧桃春色》立轴

---

① 陆小曼所编《爱眉小札》所注，此信为徐志摩1925年出国前给陆小曼的第一封信。

致陆小曼　250304①

小龙：

　　你知道我这次想出去也不是十二分心愿的，假定老翁的信早六个星期来时，我一定绝无顾恋的想法走了完事；但我的胸坎间不幸也有一个心，这个脆弱的心又不幸容易受伤，这回的伤不瞒你说又是受定的了，所以即使我走也不免咬一咬牙齿忍着些心痛的。这还是关于我自己的话；你一方面我委实有些不放心，不是别的，单怕你有限的勇气敌不过环境的压迫力，结果你竟许多少不免明知故犯，该走一百里路也只能走满三四十里：这是可虑的。

　　龙呀：你不知道我怎样深刻的期望你勇猛的上进，怎样的相信你确有能力发展潜在的天赋，怎样的私下祷祝有那一天叫这浅薄的恶俗的势利的"一般人"开着眼惊讶，闭着眼惭愧，——等到那一天实现时，那不仅你的胜利也是我的荣耀哩！聪明的小曼：千万争这门气才是！我常在身旁自然多少于你有些帮助，但暂时分别也有绝大的好处，我人去了，我的思想还是在着，只要你能容受我的思想。我这回去是补足我自己的教育，我一定加倍的努力吸收可能的滋养，我可以答应你我决不枉费我的光阴与金钱，同时我当然也期望你加倍的勤奋，认清应走的方向，做一番认真的工夫试试，我们总要隔了半年再见时彼此无愧才好。你的情形固然不同，

① 此信据良友本摘录。

但你如其真有深澈的觉悟时，你的生活习惯自然会得改变的，我信F，也能多少帮助你。

我并不愿意做你的专制皇帝，落后①叫你害怕讨厌，但我真想相当的笃饬着你，如其你过分顽皮时，我是要打的吓［呀］！有一件事不知你能否做到，如能倒是件有益而且有趣的事，我想要你写信给我，不是平常的写法，我要你当作日记写，不仅记你的起居等等，并且记你的思想情感——能寄给我当然最好，就是不寄也好，留着等我回来时一总看，先生再批分数，你如其能做到这点意思，那我就高兴而且放心了。同时我当然有信给你，不能怎样的密，因为我在旅行时怕不能多写，但我答应选我一路感到的一部分真纯思想给你，总叫你得到了我的消息，至少暂时可以不感觉寂寞，好不好，曼？关于游历方面，我已经答应做《现代评论》的特约通讯员，大概我人到眼到的事物多少总有报告，使我这里的朋友都能分沾我经验的利益。

顶要紧是你得拉紧你自己，别让不健康的引诱摇动你，别让消极的意念过分压迫你，你要知道我们一辈子果然能真相知真了解，我们的牺牲，苦恼与努力，也就不算是枉费的了！

摩

［一九二五年］三月四日②

陆小曼

---

① 落后：海宁方语，"往后"的意思。
② 此信不署年份，据陆小曼所编《爱眉小札》所注为1925年。

致陆小曼　250310①

龙龙：

　　我的肝肠寸寸的断了，今晚再不好好的给你一封信，再不把我的心给你看，我就不配爱你，就不配受你的爱。我的小龙呀，这实在是太难受了，我现在不愿别的，只愿我伴着你一同吃苦——你方才心头一阵阵的作痛，我在旁边只是咬紧牙关闭着眼替你熬着，龙呀，让你血液里的讨命鬼来找着我吧，叫我眼看你这样生生的受罪，我什么意念都变了灰了！你吃现鲜鲜②的苦是真的，叫我怨谁去？

　　离别当然是你今晚纵酒的大原因：我先前只怪我自己不留意，害你吃成这样，但转想你的苦，分明不全是酒醉的苦，假如今晚你不喝酒，我到了相当的时刻得硬着头皮对你说再会，那时你就会舒服了吗？再回头受逼迫的时候，就会比醉酒的病苦强吗？咳，你自己说的对，顶好是醉死了完事，不死也得醉，醉了多少可以自由发泄，不比死闷在心窝里好吗？所以我一想到你横竖是吃苦，我的心就硬了。我只恨你不该留这许多人一起喝，人一多就糟；要是单是你与我对喝，那时要醉就同醉，要死也死在一起，醉也是一体，死也是一体，要哭让眼泪和成一起，要心跳让你我的胸膛贴紧在一起，这不是在极苦里实现了我们想望的极乐，从醉的大

——
029

---

① 此信据良友本摘录。
② 现鲜鲜，海宁方语。马上、立即的意思。

门走进了大解脱的境界，只要我们魂灵合成了一体，这不就满足了我们最高的想望吗？

啊我的龙，这时候你睡熟了没有？你的呼吸调匀了没有？你的灵魂暂时平安了没有？你知不知道你的爱正在含着两眼热泪在这深夜里和你说话，想你，疼你，安慰你，爱你？我好恨呀，这一层的隔膜，真的全是隔膜，这仿佛是你淹在水里挣扎着要命，他们却掷下瓦片石块来算是救渡你，我好恨呀！这酒的力量还不够大，方才我站在旁边我是完全准备了的，我知道我的龙儿的心坎儿只嚷着："我冷呀，我要他的热胸膛偎着我，我痛呀，我要我的他搂着我，我倦呀，我要在他的手臂内得到我最想望的安息与舒服！"——但是实际上我只能在旁边站着看，我稍微的一帮助就受人干涉，意思说："不劳费心，这不关你的事，请你早去休息吧，她不用你管！"哼，你不用我管！我这难受，你大约也有些觉着吧！

方才你接连了叫着："我不是醉，只是难受，只是心里苦。"你那话一声声像是钢铁锥子刺着我的心：愤、慨、恨、急的各种情绪就像潮水似的涌上了胸头；那时我就觉得什么都不怕，勇气像天一般的高，只要你一句话出口什么事我都干！为你我抛弃了一切，只是本分为你我，还顾得什么性命与名誉——真的假如你方才说出了一半句着边际着颜色的话，此刻你我的命运早已变定了方向都难说哩！

你多美呀，我醉后的小龙，你那惨白的颜色与静定的眉目，使我想像起你最后解脱时的形容，使我觉着一种逼迫赞美与崇拜的激震，使我觉着一种美满的和谐——龙我的至爱，将来你永诀尘俗的俄顷，不能没有我在你的最近的边旁，你最后的呼吸一定得明白报告这世间你的心是谁的，你的爱是谁的，你的灵魂是谁的！龙呀，你应当知道我是怎样的爱你，你占有我的爱，我的灵，我的肉，我的"整个儿"。永远在我爱的身旁旋转着，永久的缠绕着。真的龙龙，你已经激动了我的痴情。我说出来你不要怕，我有时真想拉你一同情［寻］死去，去到绝对的死的寂灭里去实现完全的爱，去到普通的黑暗里去寻求唯一的光明——咳，今晚要是你有一杯毒药在近旁，此时你我竟许早已在极乐世界了。说也怪，我真的不沾恋这形式的生命，我只求一个同伴，有了同伴我就情愿欣欣的瞑目；龙龙，你不是已经答应做我永久的同伴了吗？我再不能放松你，我的心肝，你是我的，你是我这一辈子唯一的成就，你是我的生命，我的诗；你完全是我的，一个个细胞都是我的——你要说半个不字叫天雷打死我完事。

我在十几个钟头内就要走了，丢开你走了，你怨我忍心不是？我也自认我这回不得不硬一硬心肠，你也明白我这回去是我精神的与知识的"撒拿吐瑾"。我受益就是你受益，我此去得加倍的用心，你在这时期内也得加倍的奋斗，我信你的勇气这回就是你试验，实证你勇气的机会，我人虽走，我的心不离开你，要知道在我与你的中间有的是无形的精神线，彼此的悲欢喜怒此后是会相通的，你信不信？（身无彩凤双飞翼，心有灵犀一点通。）我再也不必嘱咐，你已经有了努力的方向，我预知你一定成功，你这回冲锋上去，死了也是成功！有我在这里，阿龙，放大胆子，上前去吧，彼此不要辜负了，再会！

三月十日早三时

我不愿意替你规定生活，但我要你注意羁子一次拉紧了是松不得的，你得咬紧牙齿暂时对一切的游戏娱乐应酬说一声再会，你干脆的得谢绝一切的朋友。你得澈底的刻苦，你不能纵容你的Whims①，再不能管闲事，管闲事空惹一身骚；也再不能发脾气。记住，只要你耐得住半年，只要你决意等我，回来时一定使你满意欢喜，这都是可能的；天下没有不可能的事——只要你有信心，有勇气，腔子里有热血，灵魂里有真爱。龙呀！我的孤注就押在你的身上了！

　　再如失望，我的生机也该灭绝了，

　　最后一句话：只有S是唯一有益的真朋友。

［一九二五年］三月十日早

陆小曼

徐志摩、陆小曼书画作品

---

① 任性。

陆小曼 1943年作《晚渚轻烟》立轴

致陆小曼　　250311①

　　方才无数美丽的雅致的信笺都叫你们抢了去，害我一片纸都找不着，此刻过西北时写一个字条给丁在君是撕下一张报纸角来写的，你看这多窘；幸亏这位先生是丁老夫子的同事，说来也是熟人，承他作成，翻了满箱子替我寻出这几张纸来，要不然我到奉天前只好搁笔，笔倒有，左边小口袋内就是一排三支。

　　方才那百子放得恼人，害得我这铁心汉也觉着有些心酸，你们送客的有吊眼泪的没有？〔啊啊臭美！〕小曼，我只见你双手掩着耳朵，满面的惊慌，惊了就不悲，所以我推想你也没掉眼泪。但在满月夜分别，咳！我孤孤单单的一挥手，你们全站着看我走，也不伸手来拉一拉，样儿也不装装，真可气。我想送我的里面，至少有一半是巴不得我走的，还有一半是"你走也好，走吧。"车出了站，我独自的晃着脑袋，看天看夜，稍微有些难受，小停也就好了。

　　我倒想起去年五月间那晚我离京向西时的情景，那时更凄怆些，简直的悲，我站在车尾巴上，大半个黄澄澄的月亮在东南角上升起，车轮阁的阁的响着，w还大声的叫"徐志摩哭了"（不确）；但我那时虽则不曾失声，眼泪可是有的。怪不得我，你知道我那时怎样的心理，仿佛一个在俄国

---

① 此信据良友本摘录。

吃了大败仗往后退的拿破仑，天茫茫，地茫茫，心更茫茫，叫我不掉眼泪怎么着？但今夜可不同，上次是向西，向西是追落日，你碰破了脑袋都追不着，今晚是向东，向东是迎朝日，只要你认定方向，伸着手膀迎上去，迟早一轮旭红的朝日会得涌入你的怀中的。这一有希望，心头就痛快，暂时的小悱恻也就上口有味。半酸不甜的，生滋滋的像是啃大鲜果，有味！

娘那里真得替我磕脑袋道歉，我不但存心去恭恭敬敬的辞行，我还预备了一番话要对她说哪，谁知道下午六神无主的把她忘了，难怪令尊大人相信我是荒唐，这还不够荒唐吗？你替我告罪去，我真不应该，你有什么神通，小曼，可以替我"包荒"？

天津已经过了，（以上是昨晚写的，写至此，倦不可支，闭目就睡，睡醒便坐着发呆的想，再隔一两点钟就过奉天了）。韩所长现在车上，真巧，这一路有他同行，不怕了。方才我想打电话，我的确打了，你没有接着吗？往窗外望，左边黄澄澄的土直到天边，右边黄澄澄的地直到天边；这半天，天色也不清明，叫人看着生闷。方才望锦州城那座塔，有些像西湖上那座雷峰，像那倒坍了的雷峰，这又增添了我无限的惆张。但我这独自的吁嗟，有谁听着来？

你今天上我的屋子里去过没有？希望沈先生已经把我的东西收拾起来，一切零星小件可以塞在那两个手提箱里，没有钥匙，贴上张封条也好，存在社里楼上我想够妥当了。还有我的书顶好也想法子点一点。你知道我怎样的爱书，我最恨叫人随便拖散，除了一两个我准许随便拿的［你自己一个］之外，一概不许借出，这你得告诉沈先生。至少得过一个多月才能盼望看你的信。这还不是刑罚！你快写了寄吧，别忘Via Siberia①，要不是一信就得走两个月。

志摩

［一九二五年］三月十一日星二奉天②

陆小曼

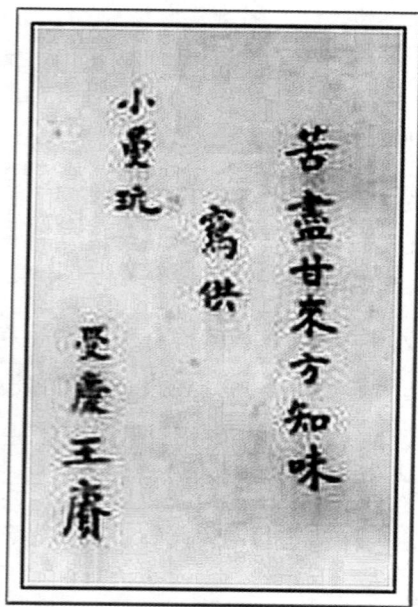

王赓送给陆小曼的字

---

① 经西伯利亚。
② 奉天：今为沈阳市。

致陆小曼　　250312①

叫我写什么呢？咳！今天一早到哈，上半天忙着换钱，现在一个人坐着吃过两块糖，口里怪腻烦的，心里不很好过。国境不曾出，已经是举目无亲的了，再下去益发凄惨，赶快写信吧，干闷着也不是道理。但是写什么呢？写感情是写不完的，还是写事情的好。

日记大纲

星一　松树胡同七号分赃。车站送行百子响，小曼掩耳朵。

星二　睡至十二时正，饭车里碰见老韩，夜十二时到奉天，住日本旅馆。

星三　早上大雪缤纷，独坐洋车进城闲逛，三时与韩同行去长春。车上赌纸牌，输钱，头痛。看两边雪景，一轮日。夜十时换上俄国车吃美味柠檬茶。睡着小凉。出涕。

星四　早到哈。韩侍从甚盛。去懋业银行，予犹太鬼换钱买糖，吃饭，写信。

韩事未了，须迟一星期。我决先走，今晚独去满洲里，后日即入西伯利亚了。这回是命定不得同伴，也好，可以省唾液，少谈天，多想，多写，多读。真倦，才在沙发上入梦，白天又沉西，距车行还有六个钟头，叫我干什么去？

说话一不通，原来机灵人，也变成了木松松。我本来就

---

① 此信据良友本摘录。

〔不〕机灵，这来去俄国真像呆徒了。今早撞进一家糖果铺去，一位卖糖的姑娘黄头发白围裙，来得标致；我晓风里进来，本有些冻嘴，见了她索性愣住了，愣了半天，不得要领，她都笑了。

不长胡子真吃亏，问我那儿来的，我说北京大学，谁都拿我当学生看。今天早上在一家钱铺子里一群犹太人，围着我问话，当然只当我是个小孩，后来一见我护照上填着"大学教授"，他们一齐吃惊，改容相待，你说不有趣吗？我爱这儿尖屁股的小马车，顶好要一个戴大皮帽的大俄鬼子赶，这满街乱跳，什么时候都可以翻车，看了真有意思，坐着更好玩。中午我闯进一家俄国饭店去，一大群涂脂抹粉的俄国女人全抬起头来看我，吓得我直往外退出门逃走了。我从来不看女人的鞋帽，今天居然看了半天，有一顶红的真俏皮。寻书铺，不得。只好寄一本糖书去，糖可真坏，留着那本书吧。这信迟四天可以到京，此后就远了。好好的自己保重吧，小曼，我的心神摇摇的仿佛不曾离京，今晚可以见你们似的，再会吧！

摩

〔一九二五年〕三月十二日

陆小曼

致陆小曼　250314①

小曼：

　　昨夜过满洲里，有冯定一招呼，他也认识你的。难关总算过了，但一路来还是小心翼翼的只怕"红先生"们打进门来麻烦，多谢天，到现在为止，一切平安顺利。今天下午三时到赤塔，也有朋友来招呼，这国际通车真不坏，我运气格外好，独自一间大屋子，舒服极了。我闭着眼想，假如我有一天与"她"度蜜月，就这西伯利亚也不坏；天冷算什么？心窝里热就够了！路上饮食可有些麻烦，昨夜到今天下午简直没东西吃，我这茶桶没有茶灌顶难过，昨夜真饿，翻箱子也翻不出吃的来，就只陈博生送我的那罐福建肉松伺候着我，但那干束束的，也没法子吃。想起倒有些怨你青果也不曾给我买几个：上床睡时没得睡衣换，又得怨你那几天你出了神，一点也不中用了。但是我决不怪你，你知道，我随便这么说就是了。

　　同车有一个意大利人极有趣，很谈得上。他的胡子比你头发多得多，他吃烟的时候我老怕他着火，德国人有好几个，蠢的多，中国人有两个（学生），不相干。英美法人一个都没有。再过六天，就到莫斯科，我还想到彼得堡去玩哪！这回真可惜了，早知道西伯利亚这样容易走，我理清一个提包，把小曼装在里面带走不好吗？不说笑话，我走了以

---

① 此信据良友本摘录。

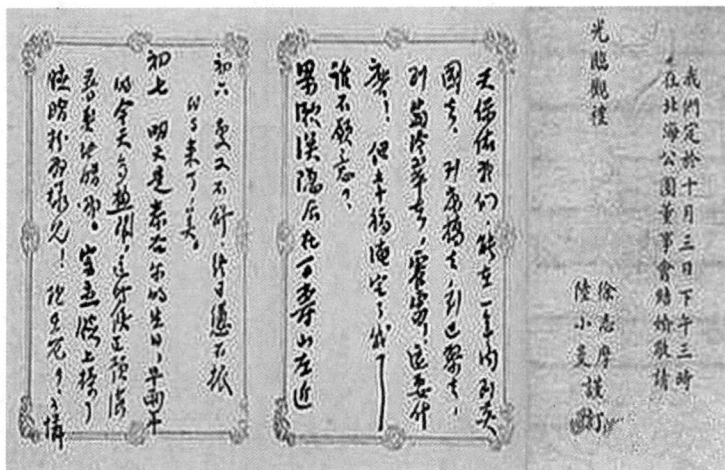

陆小曼与徐志摩的结婚请柬

陆
小
曼

后你这几天的生活怎样的过法？我时刻都惦记着你，你赶快写信寄英国吧，要是我人到英国没有你的信，那我可真要怨了。你几时搬回家去，既然决定搬，早搬为是，房子收拾整齐些，好定心读书做事。这几天身体怎样？散拿吐瑾一定得不间断的吃，记着我的话！心跳还来否？什么细小事情都愿意你告诉找，能定心的写几篇小说，不管好坏，我一定有奖。你见着的是那几个人，戏看否？早上什么时候起来，都得告诉我。我想给《晨报》写通信，老是提心不起，火车里写东西真不容易，家信也懒得写，可否恳你的情，常常为我转告我的客中情形，写信寄浙江硖石徐申如先生。说起我临行忘了一本金冬心梅花册，他的梅花真美，不信我画几朵你看。

摩

［一九二五年］三月十四日

致陆小曼　　250326

小曼：

　　柏林第一晚。一时半。方才送C①女士回去，可怜不幸的母亲，三岁的小孩子②只剩了一撮冷灰，一周前死的。她今天挂着两行眼泪等我，好不凄惨；只要早一周到，还可见着可爱的小脸儿，一面也不得见，这得那里说起？他人缘到有，前天有八十人送他的殡，说也奇怪，凡是见过他的，不论是中国人德国人，都爱极了他，他死了街坊都出眼泪，没一个不说的不曾见过那样聪明可爱的孩子。曼，你也没福，否则你也一定乐意看见这样一个孩儿的——他的相片明后天寄去，你为我珍藏着吧。真可怜，为他病也不知有几十晚不曾阖眼，瘦得什么似的，她到这时还不能相信，昏昏的只似在梦中过活。小孩儿的保姆比她悲伤更切。她是一个四十左右的老姑娘，先前爱上了一个人，不得回音，足足的痴了这六七年，好容易得着了宝贝，容受他母性的爱；她整天的在他身上用心尽力，每晚每早要他祷告，如今两手空空的，两眼汪汪的，连祷告都无从开口，因为上帝待她太惨酷了。我今天赶来哭他，半是伤心，半是惨目，也算是天罚我了。

　　唉！家里有电报去，堂上知道了更不知怎样的悲惨，急切又没有相当人去安慰他们，真是可怜！曼！你为我写封信

---

① 张幼仪。

② 指徐志摩与张幼仪的次子徐德生。

去吧，好么？听说老谷尔也在南方病着，我赶快得去，回头老人又有什么长短，我这回到欧洲来，岂不是老小两空！而且我深怕这兆头不好呢。

C可是一个有志气有胆量的女子，她这两年来进步不少，独立的步子已经站得稳，思想确有通道，这是朋友的好处，老K的力量最大，不亚于我自己的。她现在真是"什么都不怕"，将来准备丢几个炸弹，惊惊中国鼠胆的社会，你们看着吧！

柏林还是旧柏林，但贵贱差得太远了，先前花四毛现在得花六元八元，你信不信？

小曼，对你不起，收到这样一封悲惨乏味的信，但是我知道你一定生气我补这句话，因为你是最柔情不过的，我掉眼泪的地方你也免不了掉，我闷气的时候你也不免闷气，是不是？

今晚与C看茶花女的乐剧解闷，闷却并不解。明儿有好戏看，那是萧伯纳的Jean D'arc①；柏林的咖啡（叫Macca）真好，Peach Melba②也不坏，就是太贵。

今年江南的春梅都看不到，你多多寄些给我才是！

志摩

［一九二五年］三月廿六日③

---

① 圣贞德。
② 蜜桃面包。
③ 此信据香港良友本摘录。

致陆小曼　250410①

小曼：

　　我一个人在伦敦瞎逛，现在在"探花楼"一个人喝乌龙茶等吃饭，再隔一点钟去看John Barrymore的Hamlet②，这次到英国来就为看戏。你要一时不得我的信，我怕你有些着急，我也不知怎的总是懒得动笔；虽则我没有一天不想把那天的经验整个儿告诉你。说也奇怪，我还是每晚做梦回北京，十次里有九次见着你，每次的情景总不同。难道真的像张幼仪他们挖苦我说：我只到欧洲来了一双腿，"心"不用说，连肠胃都不曾带来（因为我胃口不好）？你们那里有谁做梦，会见了我的鬼魂没有？我也愿意知道。我到现在还不曾接到中国来的单个字；狄更斯不在康桥，他那里不知有我的信没有，单怕掉了，我真着急。我想别人也许没有信，小曼你总该有：可是到那一天才可以得到你信，我自己都不知道！我这次来，一路上坟送葬，惘惘极了。我有一天想立刻买船到印度去，还了愿心完事；又想立刻回头赶回中国，也许有机会与我的爱一同到山林深处过夏去，强如在欧洲做流氓。其实到今天为止，我还是没有想定规，流到那里去。感情是我的指南，冲动是我的风。还是"今日不知明日事"的办法。可是印度我总得去，老头在不在我都得去，这比菩萨面前许

---

① 此信据广西本良友摘录。
② 英国演员约翰·百利摩尔主演的莎士比亚戏剧《哈姆莱特》。

下的愿心还要紧。照我现在的主意是不迟六月初动身到印度，八九月间可回国，那就快爽了不是？

我前晚到伦敦的，这里大半朋友全不在，春假旅行去了。只见着那美术家Roger Fry[1]，翻中国诗的Arthur Waly[2]。昨晚我住在他那里，今晚又得做流氓了。今天看完了戏，明早就回巴黎，张女士等着要跟我上意大利玩去。我们打算先玩威尼斯，再去佛罗伦萨与罗马；她只有两星期就得回柏林去上学，我一个人还得往南，想到Sicily[3]去洗澡再回头。我这一时，一点心的平安都没有，烦极了。通信一封也不曾着笔，诗半行也没有。——一如其有什么可提的成绩，也许就只晚上的梦；那倒不少，并且多的是花样；要是有法子记下来时，早已成书了！这回旅行太糟了，本来的打算多如意，多美，泰戈尔一跑，我就没了落儿；我倒不怨他，我怨的是他的书记那恩厚之小鬼，一面催我出来，一面让老头回去也不给我个消息，害我白跑一趟。回时他倒舒服；你知道他本来是个不名一文的光棍，现在可大抖了。他做了Mrs Willard Straight[4]的老爷。她是全世界最富女人的一个，在美国顶有名的；这小鬼不是平地一声雷，脑袋上都装了金了！我有电报给他，已经三四天也不得回电；想是在蜜月里蜜昏了，那管得我在这儿空宕！

小曼，你近来怎样？身体怎样？你的心跳病我最怕，你知道你每日一发病，我的心好像要掉了下去似的，近来发不发，我盼望不再来了。你的心绪怎样？这话其实不必问，不问我也猜着。真是要命，这距离不是假的，一封信来回至少

---

① 罗杰·弗里斯。
② 阿瑟·魏礼。
③ 西西里。
④ 威拉德太太。

得四十天。我问话也没有用，还不如到梦里去问吧！说起现在无线电的应用，真是可惊，我在伦敦可以听到北京饭店礼拜天下午的音乐，或是旧金山市政厅里的演说，你说奇不奇？现在德国差不多每家都装了听机，就是有限制（每天有报什么时候听什么）。自己不能发电。将来，我想不久，无线电话有了设备，距离与空间不成问题了，比如我在伦敦就可以要北京电话与你直接谈天，你说多Wonderful！①

在曼殊斐儿坟前写的那张信片，到了没有？我想另做一首诗。但是你可知道她的丈夫已经再娶了，也是一个有钱的女人。那虽则没有什么，曼殊斐儿也不会见怪，但我总觉得有些尴尬，我的东道都输了！你那篇Something Childish②改好了没有？近来做些什么事？英国寒酸得很；没有东西寄给你；到了意大利再买好玩儿的寄你，你乖乖的等着吧！

志摩

[一九二五年] 四月十日伦敦

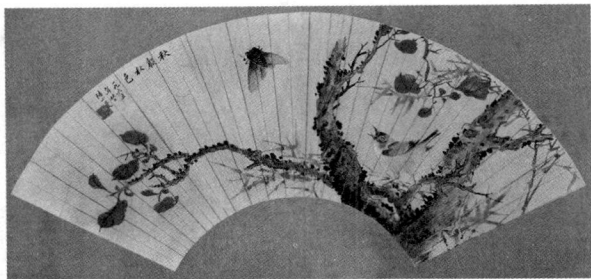

陆小曼扇面作品《秋声秋色》

---

① 多美。
② 处女之作。

致陆小曼 250526①

小曼：

适之②的回电来后，又是四五天了；我早晚忧巴巴的盼着信，偏偏信影子都不见，难道你从四月十三写信以后，就没有力量提笔？适之的信是二十三日，正是你进协和的第二天。他说等"明天"医生报告病情再给我写信。只要他或你自己上月内寄出信，此时也该到了，真闷煞人！回电当然是个安慰，否则我这几天那有安静日子过？电文只说："一切平安"，至少你没有危险了是可以断定的。但你的病情究竟怎样，进院后医治见效否，此时已否出院，已能照常行动否：我都急于要知道；但急切偏不得知道，这多别扭！

小曼，这回苦了你，我知道，我想你病中一定格外的想念我，你哭了没有？我想一定有的；因为我在这里只要上床去，一时睡不着，就叫曼；曼不答应，我就有些心酸；何况你在病中呢？早知你有这场病，我就不该离京：我老是怕你病倒，但同时总希望你可以逃过；谁知你还是一样吃苦，为什么你不等着我在你身边的时候生病？这话问得没理我知道；我也不定会得伺候病人，但是我真想倘如有机会伴着你养病就是乐趣。你枕头歪了，我可以给你理正；你要水喝，我可以拿给你；你不厌烦，我念书给你听；你睡着

① 此信据香港商务本摘录。
② 良友本用"W"代替。今据商务本补正。

了，我轻轻的掩上了门；有人送花来，我给你装进瓶子去；现在我没福享受这种想像中的逸趣。将来或许我病倒了，你来伴我也是一样的。你此番病中有谁伺候着你？娘总常常在你身边，但她也得管家，朋友中适之大约总常来的，歆海也不会缺席的，慰慈不在，梦绿来否？翙唐呢？叔华两月来没有信，不知何故，她来看你否？你病中感念一定很多，但不写下也就忘了。近来不说功课，不说日记，连信都没有，可见你病得真乏了。你最后倚病勉强写的那两封信，字迹潦草，看出你腕劲一些也没有，真可怜！曼呀，我那时真着急，简直怕你死；你可不死，你答应为我活着；你现在又多了一个仇敌——病，那也得你用意志力来奋斗的。你究竟年轻，你的伤损容易养得过来的。千万不要过于伤感，病中面色是总不好看的，那也没法；你就少照镜子，等精神回来的时候自己再看自己不迟。你现在虽则瘦，还是可以回复你的丰腴的，只要生活根本的改样。我月初连着寄的长信应该连续的到了。但你回信不知要到什么时候才来，想着真急。适之说：娘疑心我的信激成你的病的，常在那里查问。我寄中街的信不会丢，不会漏吗？我一时急，所以才得适之电，请他告你，特别关照，盼望我寄你的信只有你见，再没有第二人看；不是看不得，不愿意叫人家随便讲闲话是真的。但你这回真得坚决了，我上封信要你跟适之来欧，你仔细想过没有？这是你一生的一个大关键，俗语说的快刀斩乱丝，再痛快不过的。我不愿意你再有踌躇，上帝帮助能自助的人，只要你站起身来，就有人在你前面领路。适之真是"解人"，要不是他，岂不是你我在两地干着急，叫天天不应的多苦！现在有他做你的"红娘"，你也够荣耀，放心烧你的夜香吧！我真盼望你们师生俩一共到欧洲来，我一定请你们喝香槟接风。有好消息时，最好来电Amexes，Firenze①就可以到。慰慈尚在瑞士，月初或到翡冷翠来，我们许同游欧洲，再报告你，盼望你早已健全，我永远在你的身旁，我的曼！

　　适之替我问候不另

摩

［一九二五年］五月二十六日

陆小曼

陆小曼书画作品《观音》

————————

① 即翡冷翠。

致陆小曼　250625①

　　我唯一的爱龙，你真得救我了！我这几天的日子也不知怎样过的。一半是痴子，一半是疯子，整天昏昏的，惘惘的，只想着我爱你，你知道吗？早上梦醒来，套上眼镜，衣服也不换就到楼下去看信——照例是失望，那就好比几百斤的石子压上了心去，一阵子悲痛，赶快回头躲进了被窝，抱住了枕头叫着我爱的名字，心头火热的浑身冰冷的，眼泪就冒了出来，这一天的希冀又没了。说不出的难受，恨不得睡着从此不醒，做梦到可以自由些。龙呀，你好吗？为什么我这心惊肉跳的一息也忘不了你，总觉得有什么事不曾做妥当或是你那里有什么事似的。龙呀，我想死你了，你再不救我，谁来救我？为什么你信寄得这样稀，笔这样懒？我知道你在家忙不过来，家里人烦着你，朋友们烦着你，等得清静的时候你自己也倦了；但是你要知道你那里日子过得容易，我这孤鬼在这里，把一个心悬在那里收不回来，平均一个月盼不到一封信，你说能不能怪我抱怨？龙呀，时候到了，这是我们，你与我，自己顾全自己的时候，再没有工夫去敷衍人了。现在时候到了，你我应当再也不怕得罪人——哼，别说得罪人，到必要时天地都得捣烂他哪！

　　龙呀，你好吗？为什么我心里老是这忔忔的？我想你亲自给我一个电报，也不曾想着——我倒知道你又做了好几身

---

① 此信据良友本摘录。

时式的裙子！你不能忘我，爱，你忘了我，我的天地都昏黑了。你一定骂我不该这样说话，我也知道，但你得原谅我，因为我其实是急慌了。（昨晚写的墨水干了所以停的）。

Z走后我简直是"行尸走肉"，有时到赛因河边去看水，有时到清凉的墓园里默想。这里的中国人，除了老K都不是我的朋友，偏偏老K整天做工，夜里又得早睡，因此也不易见着他。昨晚去听了一个Opera①叫Tristan et Isolde。②音乐，唱都好，我听着浑身只发冷劲，第三幕Tristan快死的时候，Iso从海湾里转出来拼了命来找她的情人，穿一身浅蓝带长袖的罗衫——我只当是我自己的小龙，赶着我不曾脱气的时候，来搂抱我的躯壳与灵魂——那一阵子寒冰刺骨似的冷，我真的变了戏里的Tristan③了！

那本戏是了出名的"情死"剧，Love' Death，Tristan④与Isold⑤因为不能在这世界上实现爱，他们就死，到死里去实现更绝对的爱，伟大极了，猖狂极了，真是"惊天动地"的概念，"惊心动魄"的音乐。龙，下回你来，我一定伴你专看这戏，现在先寄给你本子，不长，你可以先看一边。你看懂这戏的意义，你就懂得恋爱最高，最超脱，最神圣的境界；几时我再与你细谈。

龙儿，你究竟认真看了我的信没有？为什么回信还不来？你要是懂得我，信我，那你决不能再让你自己多过一半天糊涂的日子；我并不敢逼迫你做这样，做那样，但如果你我间的恋情是真的，那它一定有力量，有力量打破一切的阻

陆小曼

----

① 歌剧。
② 《特瑞斯坦和爱肖尔德》。
③ 特里斯坦。
④ 情死。特里斯坦。
⑤ 伊索德。（即伊索尔德）

碍；即使得渡过死的海，你我的灵魂也得结合在一起——爱给我们勇，能勇就是成功，要大抛弃才有大收成，大牺牲的决心是进爱境唯一的通道。我们有时候不能因循，不能躲懒，不能姑息，不能纵容"妇人之仁"。现在时候到了，龙呀，我如果往虎穴里走（为你），你能不跟着来吗？

我心思杂乱极了，笔头上也说不清，反正你懂就好了，话本来是多余的。

你决定的日子就是我们理想成功的日子——我等着你的信号，你给 W① 看了我给你的信没有？我想从后为是，尤是这最后的几封信，我们当然不能少他的帮忙，但也得谨慎，他们的态度你何不讲给我听听。

照我的预算在三个月内（至多）你应该与我一起在巴黎！

你的心他

［一九二五年］六月二十五日

————————

① 胡适。

致陆小曼　250626①

　　居然被我急出了你的一封信来，我最甜的龙儿！再要不来，我的心跳病也快成功了，让我先来数一数你的信：（1）四月十九，你发病那天一张附着随后来的；（2）五月五号［邮章］；（3）五月十九至二十一（今天才到，你又忘了西伯利亚）；（4）五月二十五英文的。

　　我发的信只恨我没有计数，论封数比你来的多好几倍。在翡冷翠四月上半月至少有十封多是寄中街的；以后，适之来信以后，就由他邮局住址转信，到如今全是的。到巴黎后，至少已寄五六封，盼望都按期寄到。

　　昨天才写信的，但今天一看了你的来信，胸中又涌起了一海的思感，一时那说得清。第一；我怨我上几封信不该怨你少写信，说的话难免有些怨气，我知道你不会怪我的。但我一想起我的曼已是满身的病，满心的病。我这不尽责的□□□，溜在海外，不分你的病，不分你的痛，倒反来怨你笔懒。——咳，我这一想起你，我唯一的宝贝，我满身的骨肉就全化成了水一般的柔情，向着你那里流去。我真恨不得剖开我的胸膛，把我爱放在我心头热血最暖处窝着，再不让你遭受些微风霜的侵暴，再不让你受些微尘埃的沾染。曼呀，我抱着你，亲着你，你觉得吗？

　　我在翡冷翠知道你病，我急得什么似的；幸亏适之来了

陆
小
曼

---

① 此信据香港商务本摘录。

回电，才稍为放心了些。但你的病情的底细直到今天看了你五月十九至二十一日的信才知道清楚。真苦了你，我的乖！真苦了你。但是你放心，我这次虽然不曾尽我的心，因为不在你的身旁，眼看那特权叫旁人享受了去；但是你放心，我爱！我将来有法子补我缺憾。你与我生命合成了一体以后，日子还长着哩，你可以相信我一定充分酬报你的。不得你信我急，看你信又不由我不心痛。可怜你心跳着，手抖着，眼泪咽着，还得给我写信；那一个字里，那一句里，我不看出我曼曼的影子。你的爱，隔着万里路的灵犀一点，简直是我的命水，全世界所有的宝贝买不到这一点子不朽的精诚。——我今天要是死了，我是要把你爱我的爱带了坟里去。做鬼也以自傲了！你用不着再来叮嘱，我信你完全的爱，我信你比如我信我的父母，信我自己，信天上的太阳；岂止，你早已成我灵魂的一部，我的影子里有你的影子，我的声音里有你的声音，我的心里有你的心；鱼不能没有水，人不能没有氧养气；我不能没有你的爱。

曼，你连着要我回去。你知道我不在你的身旁，我简直是如坐针毡，那有什么乐趣？你知道我一天要咬几回牙，顿几回脚，恨不蹬破了地皮滚入了你的怀抱；但我还不走，有我踌躇的理由。

曼，我上几封信已经说得很亲切，现在不妨再说个明白。你来信最使我难受的是你多少不免绝望的口气。你身在那鬼世界的中心，也难怪你偶尔的气馁。我也不妨告诉你，这时候我想起你还是与他同住，同床共枕，我这心痛，心血都迸了出来似的！

曼，这在无形中是一把杀我的刀，你忍心吗？你说老太太的"面子"。咳！老太太的面子——我不知道要杀灭多少性灵，流多少的人血，为要保全她的面子！不，不；我不能再忍。曼你得替我——你的爱，与你自己，我的爱，——想一想哪！不，不；这是什么时代，我们再不能让社会拿我们血肉去祭迷信！Oh! Come, love assert your passion, let our love conquer; we can't suffer any longer such degradationand humiliation①。退步让步，也得有个止境；来！我的爱，我们手里有刀，斩断了这把乱丝才说话。——要不然，我们怎对得起给我们灵魂的上帝！是的，曼，我已经决定了，跳入油锅，上火焰山，我也得把我爱你洁净的灵魂与洁净的身子拉出来。我不敢说，我有力量救你，救你就是救我自己，力量是在爱里；再不容迟疑，爱，动手吧！

　　我再在这几天内决定我的行期，我本想等你来电后再走，现在看事情急不及待，我许就来了。但同时我们得谨慎，万分的谨慎，我们再不能替鬼脸的社会造笑话，有勇还得有智，我的计划已经有了。

陆小曼

[一九二五年] 六月二十六日②

---

① 啊，快来，我的爱人！坚持你的热情，赢得我们的爱情，不能再忍受屈辱和羞耻。
② 此信原不署日期，读其内容，与上信相承。据信中在"昨日才写信的"一语，当作于二十六日。

陆小曼致徐志摩①　　2509××②

　　前天晚上我亦不知怎样写的那封信，我真是没有心的人了，我心里为难，我亦不管你受得受不得，我竟糊里糊涂的写了那封信，我这才受悔呢？还来得及么？你骂我亦好，怨我亦该，我没有再说话的权了，我忍心么？我爱！你是不会怨我的，亦决不骂我，我知道的！可是，我自己明白了自己的错，比你骂我还难受呢？我现在已拿回那信了，你饶我吧，忘记了那封信被一时情感激出来的满无诚意的信吧！实在是因为我那天晚上叫娘哭得我心灰意懒的，仿忽我那时间犯了多大的罪似的，恨不能在上帝前洗了我的罪，立刻死去。现在我再亦不信我会写那样的信给你了的呀，（只爱你）就算是你疑我，我亦不怨你，不过摩呀，我的心——你相信我爱你的诚心，你要我用笔形容出去，是十支笔都写不出来的，摩呀！你要是亦疑心我或是想我是个□□□□〔这里有一句英语无法看清〕。那我真连死都没有清白的路了，摩呀，今天先生说些话，使我心痛的厉害，咳，难道说我这几个朋友还疑心我，还看不起我么？可是我近来自己亦好怕我自己，我不如先的活了，有时我竟觉着我心冷的如死一样，对于无论何事都没有希望，只想每天糊乱的过去，精乏力尽后倒床就睡，我前个的样子又慢慢的回来了，我自己

054
———
055

① 信摘自中国社科院《胡适档案》中。

② 原信不署日期。考信中内容当写于1925年9月初。其时徐志摩自北京返南，而不久陆小曼亦因王赓关系到达上海，见《爱眉小札》。

的本性又渐的躲起来了，他人所见的我——不是我本来的我了，摩呀——我本来的我，恐怕只有你一个能得到——享受，或是永不再见人。前天下午你走的时候我心里乱极了，我要你——近我——近了我——又怕娘见着骂——你走了，我心如失，摩呀。

I have you alone, you can never doubt me any more，if you do I will kill myself. The last few days, my mind was so confused that I did. I know what I was doing. I want you near me, yet when you were near, I always get nervous. As for other friend, they are merely friends, they are quite different. Wei gse was wrong in saying that, I do not blame him for he don't understand me at all. I treat H.H. as a brother careful, l don't think he can rape me. Mother is still going with me. I really don't know what will happen where we go to Shanghai. You better not come to see me the station, as soon as I arrive Shanghai, I will try to let you know the best ways is try to pretend to be a friend to be a friend of fore day's so we can be more convenient.

Darling, we can write each other always, suppose if we can be together always when I go to Shanghai, don't be crosse and unhappy, only remember I am always with you.

Today's father's birthday , everybody has gone now, nearly three o'clock, only□先生、H.H、三舅母、三太太 are still plying or do. I am here writing to you, but I am tired to death, I wrote in such haste because I want you to be happy believe me. I love you always and will love you wuil death. They are going very soon over going ask to serd this letter for me. Trust you poor miserable yucguon she is always yours.

l promised him to be a loving sister to him always and beside he knows we love each other, he understand me, he is treating me quite right only he comes too often as to start people suspicious. But when he gets jobs he will be busy. All these are small affairs. You mustn't ever thinking otherwise. Do you think I am coquette? Told you to prepare for the worst will be my death nothing more. If I can't get myself free, I will die for you, dearest, oh Mon, the last two nights, I have been crying for you, don't you know? How could you say that your absence may make me happier, oh! Your heart less boy, If you know how I pass these days, you would have fitted me, I am sure. Yesterday I almost died 梦绿 got so frightened that she want to call mother back. I was smilling and talking as usually, but my heart was cutting. They understand me, they tried to cheer me 老张 united me to Peking Hotel, on the roof. Oh! Dear me. Awful moonlight. Thinking you left on moon full day again. It seems as we can never be "fulfil" at all. Since we love each other we have never spend 15th together. The other night in all my mind was so confused Oh darling I would if you could ever forgive for what I have done. Oh! It we could only be alone, free, under the moon light, then you will see a different mignon too. Darling, I was so frightened, so nervous, jumping up for anything. Oh! If I having on like this, I am sure I will go mad.

I missed you terribly. Darling, Mon, oh! Mon. don't you hear me calling you? I love you so, yet I can't break mother's heart. Just imagine my feelings. Do you think I could sacrifice you? my hope! But whenever mother pray me and crying, always get more and think of searcrificing ever think even my own life. There are reasons. lst, Dr Klieg told me mother has only few years to live, she may died at any moment for one of her lungs is always dried.

It hurt me so much to hear this, I want to please and very duty to her during her short days. Otherwise I will regret afterwards. No, I don't regret I how loved you so much, I only beat myself to bring unhappiness to you, but remembers！Darling, I will always suffer with you. Now dear！ Be patient, the thing will turn out or sooner or larder, only love me and trust me I will always be yours and yours forever. During my confused moment I may say unreasonable saying, don't ever believe it, wait for me daring, if I couldn't be yours in name, I am your in name of however. Help me to be a good girl dearest, help me to be dutiful daughter. I will promise you to change myself. I will see no friends, accept not waitation if you wish, I will do any thing, will promise anything, if you promise to take good care of yourself, put your self to work and wait for Heaven's callings. Some day God will pity us. As for staying with greedy, that I can promise you, dear, I will be.

陆小曼

[英文译意]

我只有你，你再也不要怀疑我。如果你这样做，我会杀了我自己。前几天，我的心是这样乱，像我所做出来的。我知道我干了些什么。我要你亲近我；但当你亲近我时，我又感到慌乱不安。至于其他的朋友们，他们只不过是朋友而已，他们是完全不同的。魏所说的是错误的，我不怪他，因为他完全不了解我，我对待H·H犹如他是一个细心的哥哥，只是心存戒备，我想他不可能欺负我。母亲依然伴随着我。我真的不知道我们到上海时会遇到什么情况。我一到上海，你最好不要到车站来看我，我想让你明白，最好的办法是试装作是一个以前认识的朋友，这样我们可能更方便。

亲爱的！我们可以常常互相通信。我在上海时，估计也许我们能够经常在一起，不要反感和不决。只要记住我永远和你在一起。

今天是父亲的生日，现在大概三点钟左右，每个人都走了，只有口先生、H·H、三舅母和三太太仍然在玩或做事。我在给你写信，但我疲于应付，我写得这样匆忙，是因为我要你高兴。相信我，我永远爱你，爱你直到死。他们很快转向我，并询问我，要为我发这封信。信任你可怜的口口口口口口，她永远是你的。

我答应他永远做他的一个可爱的姐妹，而他知道我们相爱。他了解我，他对我很好，只是他来得太频繁以致引起人们狐疑；但当他做他的工作时，他会很忙的。所有这些都是小事，你不必老是去想；否则，你会想我是一个轻佻女子？告诉你准备好最坏的，最坏的就是我的死，没有别的。如果我不能获得我自己的自由，我愿为你而死。最亲爱的！啊！摩！前两天晚上我曾为你而哭泣，你知道吗？你怎么可以说你不在可能使人更高兴呢？啊！你这没有良心的家伙，如果你知道这几天我是怎么度过的，我肯定，你会怜悯我。昨天，我几乎死去，梦绿是如此惊恐，她去把母亲叫回来。我微笑着谈吐如常；但我的心如刀绞。他们知道我，他们试图让我高兴，老张拉我一起去北京饭店的顶层，啊！天哪！多么讨厌的月光。想起你在月圆之时再次离开，似乎是我们完全不可能"达到目的"的了。自从我们相爱，我们从没有在一起渡过十五那一天，其他日子的晚上，心情是那么乱。啊！亲爱的！我但愿要是你能原谅我所做的一切就好了。啊！如果我们能够在月光下单独自由的在一起，那末你将会看到一个不同的小姑娘、亲爱的！我是如此地惊恐，如此紧张不安，任何一点事就吓得跳起来。啊！如果我老是这样，我肯定会发疯。我害怕失去你，亲爱的，摩！啊！摩！你是否听到我在喊你？我是这样爱你；但我不能伤了母亲的心。请想像一下我的感情，你想我能牺牲你？我的梦想。但当母亲哭着求我，我常常会更多地想到牺牲，甚至想到牺牲我自己的生命。理由是：1.克里格医生告诉我，母亲只有很少几年可活了，她可能会在任何一刹那死去，因为她的一叶肺已经干涸了。听到这我非常伤心，我要在她短暂的日子里使她高兴并做得十分本分，否则我会遗憾终生，不！不遗憾，我是多么的爱你。我只能欺骗自己，不能给你带来幸福。但是，记住，亲爱的，我愿永远和你在一起。现在，亲爱的，要忍耐，情况迟早会转变，只要爱我并相信我，我永远是你的，永远属于你。当我迷惑昏乱时，我可能说了过分的、不适当的话，不要总去相信它。等着我，亲爱的，如果我不能在名义上是你的，但不论什么名义我都是用属于你的。请帮助我做一个好姑娘，最亲爱的，请帮助我做一个尽责的女儿。我愿答应你改变我自己。我愿不见朋友们，如果你愿意，就毫不犹豫地接受。我愿做任何事情，愿答应任何事情。如果你答应对你自己好一点，把自己倾力放在工作上，并等待着上天的感召。终有一天，上帝会怜悯我们。至于等待心情急切，我能答应你，亲爱的，我会的。

陆小曼

致陆小曼　260206[①]

　　眉眉！接续报告，车又误点，二时半近三时才到老站。苦了王麻子直等了两个钟头，下车即运行李上船。舱门没你的床位大，得挤四个人，气味当然不佳。这三天想不得舒服，但亦无法。船明早十时开，今晚未有住处。文伯[②]家有客住满，在君[③]不在家，家中仅其夫人，不便投宿。也许住南开，稍远些就是。也许去国民饭店，好好的洗一个澡，睡一觉，明天上路。那还可以打电话给你。盼望你在家；不在，骂你。

　　奇士林吃饭，买了一大盒好吃糖，就叫他们寄了，想至迟明晚可到。现在在南开中学张伯苓处，问他要纸笔写信，他问写给谁，我说不相干的，仲述[④]在旁解释一句："顶相干的。"方才看见电话机，就想打，但有些不好意思。回头说吧，如住客栈一定打。这半天不见，你觉得怎样？好像今晚还是照样见你似的。眉眉，好好养息吧！我要你听一句话，你爱我，就该听话。晚上早睡，早上至迟十时得起身。好在扰乱的摩走了，你要早睡还不容易？初起一两夜许觉不便，但扭了过来就顺了。还有更要紧的一句话，你得照做。每天

---

① 此信据香港商务本摘录。

② 即王文伯，银行家。

③ 即丁文江，江苏泰兴人。字在君，地质学家。

④ 张彭春，天津人。字仲述，张伯苓之弟。学者，曾代理南开校长及任清华教务长等职。

太阳好到公园去，叫Lilia伴你，至少至少每两天一次！

记住太阳光是健康唯一的来源，比什么乐都好。

我愈想愈觉得生活有改样的必要。这一时还是糊涂，非努力想法改革不可。眉眉你一定的听我话；你不听，我不乐！

今晚范静生先生请正昌吃饭。晚上有余叔岩，我可不看了。文伯的新车子漂亮极了，在北方我所见的顶有taste①的一辆，内外都是暗蓝色，里面是顶厚的蓝绒，窗靠是真柚木，你一定欢喜。只可惜摩不是银行家，眉眉没有福享。但眉眉也有别人享不到的福气对不对？也许是摩的臭美？

眉我临行不曾给你去看，你可以问Lilia老金，要书七号拿去。且看你，你连Maugham②的"Rain"③都没有看哪。

你日记写不写？盼望你写，算是你给我的礼，不厌其详，随时涂什么都好，我写了一忽儿，就得去吃饭。此信明日下午四五时可到，那时我已经在大海中了。告诉叔华他们准备灯节热闹。别等到临时。眉眉，给你一把顶香顶醉人的梅花。

陆小曼

你的亲摩

[一九二六年] 二月六日下午二时

---

① 气派。

② 毛姆，美国小说家。

③ 毛姆的作品《雨》。

致陆小曼　260207①

眉眉：

　　上船了，挤得不堪；站的地方都没有，别说坐。这时候写字也得拿纸贴着板壁写，真要命！票价临时飞涨，上了船，还得敲了十二块钱的竹杠去。上边大菜间也早满了，这回买到票，还算是运气，比我早买的都没买到。

　　文伯昨晚伴我谈天，谈他这几年的经过。这人真有心计，真厉害，我们朋友中都比不上他。我也对他讲些我的事，他懂我很深；别看这麻脸。到塘沽了，吃过饭，睡过觉，讲些细情给你听了。同房有两位：（一个定位没有来）一是清华学生，新从美国回的；一是姓杨，躺着尽抽大烟，一天抽"两把膏子"的一个鸦片老生。徐志摩大名可不小，他一请教大名，连说："真是三生有幸"。我的床位靠窗，圆圆的一块，望得见外面风景；但没法坐，只能躺，看看书，冥想想而已。写字苦极了，这贴着壁写，手酸不堪。吃饭象是喂马，一长条的算是桌子，活像你们家的马槽，用具的龌龊就不用提了；饭菜除了白菜，绝对放不下筷去，饭米倒还好，白净得很。昨天吃奇斯林、正昌，今天这样吃法，分别可不小！这其实真不能算苦。我看看海，心胸就宽。何况心头永远有眉眉我爱密甜的影子，什么苦我吃不下去？别说这小不方便！

---

① 此信据香港商务本摘录。

船家多宁波佬，妙极了。

得寄信了，不写了，到烟台再写。

爹爹娘请安。

你的摩摩

［一九二六年］二月七日

陆小曼

陆小曼《花鸟》立轴

致陆小曼　260217①

眉爱：

　　我又在上海了。本与适之约定，今天他由杭州来同车。谁知他又失约，料想是有事绊住了，走不脱，我也懂得。只是我一人凄凄凉凉在栈房里闷着。遥想我眉此时亦在怀念远人，怎不怅触！南方天时真坏，雪后又雨，屋内又无炉火。我是只不惯冷的猫，这一时只冻得手足常冰。见报北京得雪，我们那快雪同志会，我不在，想也鼓不起兴来。户外雪重，室内衾寒，眉眉我的，你不想念摩摩否？

　　昨天整天只寄了封没字梅花信给你，你爱不爱那碧玉香囊？寄到时，想多少还有余甘。前晚在杭州，正当雪天奇冷，旅馆屋内又不生火，下午风雪猛厉，只得困守。晚上喝了几杯酒。暖是暖些，情景却是百无聊赖，真闷得凶。游灵峰时坐轿，脚冻如冰，手指也直了。下午与适之去肺病院看郁达夫，不见，我一个人去买了点东西，坐车回硖。过年初四，你的第二封信等着我。爸说有信在窗上我好不欢喜。但在此等候张女士，偏偏她又不来，已发两电，亦未得复。咳！"这日子叫我如何过？"我爸前天不舒服，发寒热、咳嗽，今天还不曾全好。他与妈许后天来沪。新年大家多少有些兴致，只我这孤零零心魂不定，眠食也失了常度，还说什么快活？爸妈看我神情，也觉着关切。其实这也不是一天

① 此信据香港商务本摘录。

的事，除了张眼见我眉眉的妙颜，我的愁容就没有开展的希望。眉，你一定等急了，我怎不知道？但急也只能耐心等着。现在爸妈要（似有脱页）我，到京后自当与我亲亲好好的欢聚。就我自己说，还不想变一只长小毛翅的小鸟，波的飞向最亲爱的妆前。谭宜孙诗人那首燕儿歌，爱，你念过没有？你的脆弱的身体没一刻不在我的念中。你来信说还好，我就放心些，照你上函，又像是不很爽快的样子。爱爱，千万保重要紧！为你摩摩。适之明天回沪，我想与他同车走。爸妈一半天也去，再容通报。动身前有电报去，弗念。前到电谅收悉。要赶快车寄出，此时不多写了。堂上大人安健，为我叩叩。

汝摩

年初五［一九二六年二月十七日］①

陆
小
曼

① 原信仅署"年初五"。从信的内容看此信当作于1926年，而该年的初五为"2月17日"。

致陆小曼　260218^①

我等北京人^②来谈过，才许走；这事情又是少不了的关键。我怎敢迷拗呢？眉眉，你耐着些吧，别太心烦了。有好戏就伴爹娘去看看，听听锣鼓响暂时总可忘忧。说实话，我也不要你老在火炉生得太热的屋子里窝着，这其实只有害处，少有好处；而况你的身体就要阳光与鲜空气的滋补，那比什么神仙药都强。我只收了你两回的信，你近来起居情形怎样，我恨不立刻飞来拥着你，一起翻看你的日记，那我想你总是为在远的摩摩不断的记着。陆医的药你虽怕吃，娘大约是不肯放松你的。据适之说，他的补方倒是吃不坏的。我始终以为你的病只要养得好就可以复元的；绝妙的养法是离开北京到山里去嗅草香吸清鲜空气；要不了三个月，保你变一只小活老虎。你生性本来活泼，我也看出你爱好天然景色，只是你的习惯是城市与暖屋养成的；无怪缺乏了滋养的泉源。你这一时听得了摩摩的话否？早上能比先前早起些，晚上能比先前早睡些否？读书写东西，我一点也不期望你；我只想你在日记本上多留下一点你心上的感想。你信来常说有梦，梦有时怪有意思的；你何不闲着没事，描了一些你的梦痕来给你摩摩把玩？

但是我知道我们都是太私心了，你来信只问我这样那

───────────

① 此信据香港商务本摘录。

② 北京人即指张幼仪，此时在北京。

样，我去信也只提眉短眉长，你那边二老的起居我也常在念中。娘过年想必格外辛苦，不过劳否？爸爸呢，他近来怎样，兴致好些否？糖还有否？我深恐他们也是深深的关念我远行人，我想起他们这几月来待我的恩情，便不禁泫然欲涕！眉你我真得知感些，像这样慈爱无所不至的爹娘，真是难得又难得，我这来自己尝着了味道，才明白娘真是了不得，了不得！到我们恋爱成功日，还不该对她磕一万个响头道谢吗？我说："恋爱成功"，这话不免有语病；因为这好像说现在还不曾成功似的。但是亲亲的眉，要知道爱是做不尽的，每天可以登峰，明天还一样可以造极，这不是缝衣，针线有造完工的一天。在事实上呢，当然俗语说的"洞房花烛夜"，是一个分明的段落；但你我的爱，眉眉，我期望到海枯石烂日，依旧是与今天一样的风光、鲜艳、热烈。眉眉，我们真得争一口气，努力来为爱做人；也好叫这样疼惜我们的亲人，到晚年落一个心欢的笑容！

陆小曼

　　我这里事情总算是有结果的。成见的力量真是不小，但我总想凭至情至性的力量去打开他，那怕他铁山般的牢硬。今午与我妈谈，极有进步，现在得等北京人到后，方有明白结束，暂时只得忍耐。老金与人［？］想常在你那里，为我道候，恕不另，梅花香柬到否？

摩祝眉喜

年初六［一九二六年二月十八日］①

---

① 此信承上信。

致陆小曼　260219①

眉眉我亲亲：

　　今天我无聊极了，上海这多的朋友，谁都不愿见，独自躲在栈房里耐闷。下午几个内地朋友拉住了打牌，直到此刻，已经更深，人也不舒服，老是这要呕心的。心想着的只看看的一个倩影，慰我孤独；此外都只是烦心事。唐有壬本已替我定好初十的日本船，十二就可到津，那多快！不是不到一星期就可重在眉眉的左右，同过元宵，是多么一件快心事？但为北京来人杳无消息，我为亲命又不能不等，只得把定住回了，真恨人！适之今天才来；方才到栈房里来，两眼红红的，不知是哭了还是少睡，也许两样全有！他为英国赔款委员快到，急得又不能走。本说与我同行，这来怕又不成。其实他压根儿就不热心回京；不比我。我觉得不好受，想上床了，明儿再接写吧！

［一九二六年］二月十九日

---

① 此信据香港商务本摘录。

致陆小曼　　260220①

眉眉：

　　你猜我替你买了些什么衣料？就不说新娘穿的，至少也得定亲之类用才合式，才配你看了准喜欢，只是小宝贝，你把摩摩的口袋都掏空了，怎么好！

　　昨天没有寄信，今天又到此时晚上才写。我希望这次发信后，就可以决定行期，至多再写一次上船就走。方才我们一家老小，爸妈小欢都来了。老金有电报说幼仪二十以前动身，那至早后天可到。她一到我就可以走，所以我现在只眼巴巴的盼她来，这闷得死人，这样的日子。今天我去与张君劢谈了一上半天连着吃饭。下午又在栈里无聊，人来邀我看戏什么都回绝。方才老高忽然进我房来，穿一身军服，大皮帽子，好不神气。他说南边住了五个月，主人给了一百块钱，在战期内跑来跑去吃了不少的苦。心里真想回去，又说不出口。他说老太太叫他有什么写信去，但又说不上什么所以也没写。受②，又回无锡去了。新近才算把那卖军火上当的一场官司了结。还算好，没有赔钱。差事名目换了，本来是顾问，现在改了谘议，薪水还是照旧三百。按老高的口气，是算不得意的。他后天从无锡回来，我倒想去看他一次，你说好否？钱昌照我在火车里碰着；他穿了一身衣服，修饰得

① 此信据商务本摘录。
② 受即指王赓，字受庆，陆小曼前夫。

陆小曼赠给胡适的相片

像新郎似的，依旧是那满面笑容。我问起他最近的"计划"，他说他决意再读书；孙传芳请他他不去，他决意再拜老师念老书。现在瞒了家里在上海江湾租了一个花园，预备"闭户三年"，不能算没志气，这孩子！但我每回见他总觉得有些好笑，你觉不觉得？不知不觉尽说了旁人的事情。妈坐在我对面，似乎要与我说话的样子。我得赶快把信寄出，动身前至少还有一两次信。眉眉，你等着我吧，相见不远了，不该欢慰吗？

摩摩

年初八［一九二六年］二月二十日

致陆小曼　260221①

眉爱：

今天该是你我欢喜的日子了，我的亲亲的眉眉！方才已经发电给适之，爸爸也写了信给他。现在我把事情的大致讲一讲；我们的家产差不多已经算分了，我们与大伯一家一半。但为家产都系营业，管理仍须统一。所谓分者即每年进出各归各就是了，来源大都还是共同的。例如酱业、银号、以及别种行业。然后在爸爸名下再作为三份开：老辈〔爹妈〕自己留开一份，幼仪、及欢儿立开一份；我们得一份；这是产业的暂时支配法。

第二是幼仪与欢儿问题。幼仪仍居干女儿名，在未出嫁前担负欢儿教养责任，如终身不嫁，欢的一份家产即归她管；如嫁则仅能划取一份奁资，欢及馀产仍归徐家，尔时即与徐家完全脱离关系。嫁资成数多少，请她自定，这得等到上海时再说定。她不住我家，将来她亦自寻职业，或亦不在南方；但偶尔亦可往来，阿欢两边跑。

第三：离婚由张公权②设法公布；你们方面亦请设法于最近期内登报声明。

这几条都是消极方面，但都是重要的，我认为可以同意。只要幼仪同意即可算数。关于我们的婚事，爸爸说这时

---

① 此信据香港商务本摘录。

② 张公权：即张嘉璈，张幼仪之哥。

候其实太热，总得等暑后才能去京。我说但我想夏天同你避暑去，不结婚不便。爸说，未婚妻还不一样可以同行。我说但我们婚都没有订。爸说："那你这回回去就定好了。"我说那边好，媒人请谁呢？他说当然适之是一个，幼伟来一个也好。我说那爸爸就写个信给适之吧，爸爸说好吧。订婚手续他主张从简，我说这回适〔应"通"字〕伯叔华是怎样的，他说照办好了。

眉，所以你我的好事，到今天才算磨出了头，我好不快活。今天与昨天心绪大大的不同了。我恨不得立刻回京向你求婚，你说多有趣。闲话少说，上面的情形你说给娘跟爸爸听。我想办法比较的很合理，他们应当可以满意。

但今年夏天的行止怎样呢？爸爸一定去庐山，我想先回京赶速订婚，随后拉了娘一同走京汉下去，也到庐山去住几时。我十分感到暑天上山的必要，与你身体也有关系，你得好好运动。娘及早预备！多快活，什么理想都达到了！我还说北京顶好备一所房子，爸说北京危险，也许还有大遭灾的一天。我说那不见得吧！我就说陶太太说起的那所房子，爸似乎有兴趣，他说可以看看去。但这且从缓，好在不急：我们婚后即得回南，京寓布置尽来得及也。我急想回京，但爸还想留住我，你赶快叫适之来电要我赶他动身前去津见面，那爸许放我早走。有事情，再谈吧！

你的欢畅了的摩摩

〔一九二六年〕二月二十一日

致陆小曼　260223①

陆
小
曼

眉：

　　我在适之这里。他新近照了一张相，荒谬！简直是个小白脸儿哪！他有一张送你的，等我带给你。我昨晚独自在硖石过夜（爸妈都在上海）。十二时睡下去，醒过来以为是天亮，冷得不堪，头也冻，脚也冻，谁知正打三更。听着窗外风声响，再也不能睡熟想爬起来给你写信。其实冷不过，没有钻出被头勇气。但怎样也睡不着，又想你；蜷着身子想梦，梦又不来。从三更听到四更，从四更听到五更，才又闭了一回眼。早车又回上海来了。北京来人还是杳无消息。你处也没信，真闷。栈房里人多，连写信都不便；所以我特地到适之这里来，随便写一点给你。眉眉，有安慰给你，事情有些眉目了。昨晚与娘舅寄父谈，成绩很好。他们完全谅解，今天许有信给我爸。但愿下去顺手，你我就登天堂了。妈昨天笑着说我："福气太好了，做爷娘的是孝子孝到底的了。"但是眉眉，这回我真的过了不少为难的时刻。也该的，"为我们的恋爱"可不是？昨天随口想诌几行诗，开头是：

　　　　我心头平添了一块肉，

　　　　这辈子算有了归宿！

_____

① 此信据香港商务本摘录。

看白云在天际飞，

听雀儿在枝上啼。

忍不住感恩的热泪，

我喊一声天，我从此知足！

再不想望更高远的天国！

　　眉眉，这怎好？我有你什么都不要了。文章、事业、荣耀，我都不要了。诗、美术、哲学，我都想丢了。有你我什么都有了。抱住你，就比抱住整个的宇宙，还有什么缺陷，还有什么想望的余地？你说这是有志气还是没志气？你我不知道，娘听了，一定骂。别告诉她，要不然她许不要这没出息的女婿了。你一定在盼着我回去，我也何尝不时刻想望眉眉胸怀里飞。但这情形真怕一时还走不了。怎好？爸爸与娘近来好吗？我没有直接信，你得常常替我致意。他们待我真太好了，我自家爹娘，也不过如此。适之在下面叫了，我们要到高梦旦家吃饭去，明天再写。

摩摩祝眉眉福

正月十一日 ［一九二六年二月二十三日］

致陆小曼　　260224^①

陆小曼

小龙我爱：

　　真烦死人，至少还得一星期才能成行？明早有船到，满望幼仪来，见过就算完事一宗，转身就走。谁知她乘的是新丰船，十六日方能到此，她到后至少得费我两三天才能了事。故预期本月二十前才能走，至少得十天后才能见你，怎不闷死了我？同时你那里天天盼着我，又不来信，我独自在此连信札的安慰都得不到，真太苦了！你也不算算，怎的年内写了两封就不再写，就算寄不到，打往回，又有什么要紧。你摩摩在这里急。你知道不？明天我想给你一个电报，叫你立刻写信或是来电，多少也给我点安慰。眉眉，这日子没有你，比白过都不如。怎么我都不要，就要你。我几次想丢了这里。牟［下似有脱页］妻运虽则不好，但我此后艳福是天生的。我的太太不仅绝美，而且绝慧，说得活现，竟像对准了我又美又慧的小眉娘说的。你说多怪！又说：就我有以［？］白头到老，十分的美满，没有缺陷，也不会出乱子。我听了，不能不谢谢金口！眉眉，真的我妈说的对，她说我太享福了！眉，我有福消受你吗？

　　近来晨报不知道怎样，你看不看？江绍原盼望我有东西往回寄，但我如何有心思写？不但现在，就算这回事情办妥当了，回北京见了你，我那还舍得一刻丢开你。能否提起心

---

① 此信据香港商务本摘录。

来写文章与否，很是问题，这怎好？而且这来，无谓的捱了至少一星期十天工夫。回京时编辑教书的任务，又逼着来，想起真烦。我真恨不得一把拖了你往山里躲一躲，什么人事都不问，单只你我两细细的消受蜜甜的时刻！娘又该骂我了，明天再写。

摩问眉好

正月十二日［一九二六年二月二十四日］

陆小曼《罗汉》团扇画作

致陆小曼　260225①

陆
小
曼

至亲爱的小眉：

　　昨晚发信后，正在踌躇，怎样给你去电。今早上你的电从硖石转了来，我怎不知道你急？我的眉眉！盼望我的复电可以给你些安慰。我的信想都寄到"蓝信"英文的十封，中文的一封，此外非蓝信不编号的不知有多少封。除了有一天没有写，总算天天给我眉作报告的。白天的事情其实是太平常。一无足写。夜里睡不着的时候多，梦不很有，有也记不清。将来还是看你的罢。今天我得到消息，更觉得愁了，张女士坐新丰轮来，要二月二十七才从天津开，真把我肚子都气瘪了。这来她至少三月一二才能到，我得呆着在这里等，你说多冤！方才我又对爸爸提了，我说眉急的凶，我想走了。他说，他知道，但是没办法，总得等她到后，结束了才能走，否则你自己一样不安心不是；北京那里你常有信去，想也不至过分急。所以我只得耐心等，这是一个不快消息。第二件事叫我操心的，是报上说李景林打了胜仗，又逼近天津了。这可不是玩，万一京津路再像上回似的停顿起来，那怎好？我们只能祷告天帮忙着我们：一、我们大事圆满解决；二、我们及早可以重聚，不至再有麻烦。眉你怎不来信？你说我在上海过最干枯的日子，连你的信都见不着，怎过得去？

---

① 此信据香港商务本摘录。

陆小曼与徐志摩婚礼

眉眉，我们尝受过的阻难也不少了，让我们希望此后永远是平安。我倒也不是完全为我们自己着想，为两边的高堂是真的。明明走了，前两天唐有壬、欧阳予倩走，我眼看他们一个个的往回走。就只我落在背后，还有满独自的心事，真是无从叫苦。英国的赔款委员全到了，开会在天津，我一定拉适之同走，回头再接写！

摩问眉

正月十三日〔一九二六年二月二十五日〕

致陆小曼　260226①

久之②今天走，我托他带走一网篮，但是里面你的东西一样也没有，偏熬熬你，抵拚将来受你的！我不能就走，真急，但我去定船了，至迟三月四一定动身。这来我的牺牲已经不小不小！

现在房里有不少人，写信不便，我叫久之过来面见你，对你说我的近况，叫你放心等着，只要路上不发生乱子，我十天内总有希望见眉眉了。这信托久之面交，你有话问他。下午另函再写。

堂上问候！

摩摩

正月十四 ［一九二六年二月二十六日］

---

① 此信据香港商务本摘录。
② 久之即沈久之。

致陆小曼　260226①

眉眉乖乖：

　　今天托沈久之带京网篮一只，内有火腿茶菊，以及家用托卖的两包。你一双鞋也带去，看适用否，缎鞋年前已卖完，这双尺寸恰好，但不怎么好；茶菊你替我留下一点，我要另送人。今天我又替你买了一双我自以为极得意的鞋，你一定欢喜，北京一定买不出，是外国做来的，价钱可不小。你的大衣料顶麻烦，我看过，也问过，但始终没有买，也许不买，到北京再说。你说要厚呢夹大衣，那还不是冬天用的，薄的倒有好看的，怕又买不合式。天台橘子倒有，临走时再买，早买要坏。火腿恐不十分好，包头裹的好，我还想去买些，自己带。

　　适之真可恶，他又不走了！赔款委员会仍在上海开，他得在此接洽，他不久搬去沧洲别墅。

　　昨晚有人请我妈听戏，我也陪了去，听的你说是什么？就是上次你想听没听着的新玉堂春。尚小云唱的真不坏，下回再有，一定请眉眉听去。

　　朱素云也配得好，昨晚戏园里挤得简直是水泄不通。戏情虽则简单，却是情形有趣，三堂会审后，穿蓝的官与王金龙作对，他知道王三一定去监牢里会苏三，故意守他们正在监内绸缪的时候，带了衙役去查监。吓得王三涂了满面窑煤，装疯混了出去。后来穿红的官做好人，调和了他们，审

---

① 此信据香港商务本摘录。

清了案子，苏三挂红出狱。苏三到客店里去梳妆一节，小云做得极好，结局拜天地团圆，成全了一对恩爱夫妻。这戏不坏。但我看时也只想着眉眉，她说不定几时候怎样坐立不安的等着我哩！眉眉，我真的心烦，什么事也做不成，今天想写一点给副刊，提了笔直发愣，什么也没有写成。大约我在见眉之前，什么事都不用想了，这几十天就算是白活的，真坑人！思想也乱得很，一时高飞，一时沉低，像在梦里似的，与人谈话也是心不在焉的慌。眉眉，不知道你怎样；我没有你简直不能做人过日子。什么繁华，什么声色，都是甘蔗滓，前天有人很热心的要介绍电影明星，我一点也没兴趣，一概婉辞谢绝。上海可不了，这班所谓明星，简直是"火腿"的变相，那里还是干净的职业，眉眉，你想上银幕的意思趁早打消了罢！我看你还是往文学美术方面，耐心的做去。不要贪快，以你的聪明，只要耐心，什么事不成，你真的争口气，羞羞这势利世界也好！你近来身体怎样，没有信来真急人。昨天有船到，今天还是没有信，大概你压根儿就没有写。我本该明天赶到京和我的爱眉宝贝同过元宵的；谁知我们还得磨折，天罚我们冷清清的一个在南，一个在北，冷眼看人家热闹，自己伤心！新月社一定什么举动也没，风景煞尽的了！你今晚一定特别的难过，满望摩摩元宵回京，谁知还是这形单影只的！你也只能自己譬解譬解，将来我们温柔的福分厚着，蜜甜的日子多着；名分定了，谁还抢得了？我今晚仍伴妈睡，爸在杭未回。昨晚在第一台见一女，长得真美，妈都看呆了；那一只大眼真惊人，少有得见的。见时再详说。

堂上请安。

摩摩问候

陆小曼

元宵前夜 ［一九二六年二月二十六日］

致陆小曼　260227①

眉我的乖：

　　昨晚写了信，托沈久之带走，他又得后天才走，我恨不能打长电给你；将来无线电实行后，那就便了。本来你知道一百五十年前寄信，不但在中国是麻烦不堪的事，俗语说的一纸家书值万金；就在外国也是十二分的不方便。在英国邮政是分区域的，越远越贵，从伦敦寄信到苏格兰要花不少的钱。后来有一个叫威廉什么的，他住在伦敦，他的爱人在苏格兰，通信又慢又贵。他气极了，就想了一个办法，就是现在邮政的制度。寄信不论远近，在国内收费一律。他在议会上了一个条陈，叫做"辨士信"，意思是一辨士可以寄一封信。这条陈提出议会时，大家哄堂大笑，有一个有名的政治家直言，他一辈子从不曾听见过这样荒谬透顶的主张；说这个人一定是疯的，怎么一辨士可以寄信到苏格兰，不是太匪夷所思了！但后来这位情急先生的主张竟然普遍实行了。现在我们邮政有这样利便，追溯源委，也还全亏"恋爱的灵感"，你说有趣不？不但这一打仗，什么都停顿了。手边又没有青鸟，这灵犀耿耿，向何处慰情去？从前欧洲大战时，邦交断绝时，邮政不通，有隔了五年才寄到的信！现在我们中间，只差了二三千里路，但为政治捣乱，害得我们信都不得如意的通。将来飞机邮政一定得实行，那就不碍事了，眉

---

① 此信据香港商务本摘录。

眉你也一定有同样的感想。方才派人去买船票了，至迟三日四日不能不动身。再要走不成，我一定得疯了！这来已经是够危险，李景林已取马厂，第三军无能，天津旦夕可下。假如在我赶到之前，京津要是又断了，那真怎么好！我立定主意冒险也得赶进京。眉，天保佑，你等着吧。今天与徐振飞谈得极投机，他也懂得我，银行界中就他与王文伯有趣，此外市侩居多，例如子美。怎好，今天还不是元宵？你我中秋不曾过成，新年没有同乐，元宵又毁了。眉爱，你怎样想我，我是"心头如火"！振铎邀去吃饭，有几个文学家要会我，我得喝几杯，眉眉，我祝福你！元宵。

你的顶亲亲的摩摩

［一九二六年二月二十七日］

陆小曼

陆小曼《洛神》立轴

致陆小曼   260709①

眉爱：

　　只有十分钟写信，迟了今晚就寄不出。我现在在硖石了，与爸爸一同回来的，妈还留在上海，住在何家。今晚我与爸去山上住，大约正式的"谈天"②该在今晚吧！我伯父日前中了"半肢疯"，身体半边不能活动，方才去看他，谈了一回：所以连写信的时间都没有了。

　　眉：我还只是满心的不愉快，身体也不好，没有胃口，人瘦的凶，很多人说不认识了，你说多怪。但这是暂时的，心定了就好，你不必替吾着急。今天说起回北京，我说二十遍，爸爸说不成，还得到庐山去哪！我真急，不明白他意思究是怎么样！快写信吧！

　　今晚明天再写！祝你好，盼你信。（还没有！孙延杲的倒来了）。

摩亲吻你

［一九二六年七月九日］③

---

① 此信据香港商务本摘录。
② 这里指他与陆小曼的婚事，正式向父亲提出。
③ 此信香港商务本作1925年。但考其内容当在1926年。

陆小曼

陆小曼团扇画作

致陆小曼　260717①

小眉芳睐：

　　昨宿西山，三人谑浪笑傲，别饶风趣。七搔首弄姿，意象煞有介事。海梦呓连篇，不堪不堪！今日更热，屋内升九十三度，坐立不宁，头昏犹未尽去，今晚决赴杭，西湖或有凉风相邀待也。

　　新屋更须月许方可落成，已决安置冷热水管。楼上下房共二十余间，有浴室二。我等已派定东屋，背连浴室，甚符理想。新屋共安电灯八十六，电料我自去选定，尚不太坏，但系暗线，又已装妥，将来添置不知便否？眉眉爱光，新床左右，尤不可无点缀也。此屋尚费商量，因旧屋前进正挡前门，今想一律拆去，门前五开间，一律作为草地，杂种花木，方可像样。惜我爱卿不在，否则即可相偕着手布置矣，岂不美妙，楼后有屋顶露台，远瞰东西山景，颇亦不恶，不料辗转结果，我父乃为我眉营此香巢；无此固无以寓娇燕，言念不禁莞尔。我等今夜去杭，后日［十九］乃去天目，看来二十三快车万赶不及，因到沪尚须看好家具陈设，煞费商量也。如此至早须月底到京，与眉聚首虽近，然别来无日不忐忑若失。眉无摩不自得，摩无眉更手足不知所措也。

　　昨回硖，乃得适之复电，云电码半不能读，嘱重电知。但期已过促，今日计程已在天津，电报又因水患不通，竟无

① 此信据香港商务本摘录。

从复电。然去函亦该赶到，但愿冯六处已有接洽，此是父亲意，最好能请到，想六爷自必乐为玉成也。

眉眉，日来香体何似？早起之约尚能做到否？闻北方亦奇热，遥念爱眉独处困守，神驰心塞，如何可言？闻慰慈将来沪，帮丁在君办事，确否？京中友辈已少，慰慈万不能秋前让走；希转致此意，即此默吻眉肌颂儿安好。

摩

[一九二六年] 七月十七日①

陆小曼

陆小曼《仿仇十洲春思图》立轴

---

① 此信香港商务本作1925年，但考其内容当在1926年徐、陆成婚前夕，故改之。

致陆小曼　260718^①

眉眉！简直的热死了，昨夜还在西山上住。又病了，这次的病妙得很，完全是我眉给我的。昨天两顿饭也没有吃，只吃了一盆蒸馄饨当点心，水果和水倒吃了不少；结果糟透了。不到半夜就发作；也和你一样，直到天亮还睡不安稳。上面尽打格〔嗝〕儿，胃气直往上冒，下面一样的连珠。我才知道你屡次病的苦。简直与你一模一样，肚子胀，胃气发，你说怪不怪？今天吃了一顿素餐，肚又胀了。天其实热不过，躲在屋子里汗直流。这样看来，你病时不肯听话，也并不是你特别倔强；我何尝不知道吃食应该十分小心，但知道自知道，小心自不小心，有什么办法？今晚我们玩西湖去，明早六时坐长途汽车去天目山，约正午可到。这回去本不是我的心愿，但既然去了，我倒盼望有一两天清凉日子过，多少也叫我动身北归以前喘一喘气。想起津浦的铁篷车其实有些可怕。天目的景致另函再详。适之回爸爸的信到了，我倒不曾想到冯六有这层推托。文伯也好，他倒是我的好友。但适之何以托蒋梦麟代表，我以为他一定托慰慈的。梦麟已得行动自由吗？昨天上海邮政罢工，你许有信来，我收不到。这恐怕又得等好几天，天目回头，才能见到我爱的信，此又一闷。我到上海，要办几椿事。一是购置我们新屋里的新家具。你说买什么的好？北京朱太太家那套藤的我倒看

---

① 此信据香港商务本摘录。

的对，但卧房似乎不适宜。床我想买Twin的，别致些，你说那样好？赶快写回信，许还赶得及。我还得管书房的布置：这两件事完结，再办我们的订婚礼品。我想就照我们的原议，买一只宝石戒，另配衣料。眉乖！你不知道，我每天每晚怎样急的要回京，也不全为私。《晨报》老这托人也不是事，不是？但老太爷看得满不在乎，只要拉着我伴他。其实呢，也何尝不应该，独生儿子在假期中难得随侍几天。无奈我的神魂一刻不得眉在左右，便一刻不安。你那里也何尝不然？老太爷若然体谅，正应得立即放我走哩。按现在情形看来，我们的婚期至早得在八月初。因为南方不过七月半，不会天凉。像这样天时，老太爷就是愿意走，我都要劝阻他的。并且家祠屋子没有造起，杂事正多着哩！

乖囡！你耐一点子吧。迟不到月底，摩摩总可以回到"眉轩"来温存我的唯一的乖儿。这回可不比上次，眉眉，你得好好替我接风才是。老金他们见否？前天见余寿昌，大骂他，骂他没有脑筋。堂上都好否？替我叩安。写不过二纸，满身汗已如油，真不得了。这天时便亲吻也嫌太热也！但摩摩深吻眉眉不释。

陆小曼

［一九二六年］①七月十八日

———————

① 香港商务本注为1925年，此信与相承，应在1926年。今改之。

致陆小曼　　260721①

眉儿：

　　在深山中与世隔绝，无从通问，最令悁悁。三日来由杭而临安，行数百里，纡道登山。旅中颇不少可纪事，皆愿为眉一言之；恨邮传不达，只得暂纪于此，归时再当畅述也。

　　前日发函后，即与旅伴（歆海、老七及李藻孙）出游湖，以为晚凉有可乐者；岂意湖水尚热如汤，风来烘人，益增烦懑。舟过锦华桥，便访春润庐，适值蔡鹤卿先生驻踪焉。因遂谒谈有顷。蔡氏容貌甚癯，然肤色如梭如铜，若经髹然，意态故蔼婉恂恂，所谓"婴儿"者非欤？谈京中学业，甚愤慨，言下甚坚绝，决不合作："既然要死，就应该让他死一个透；这样时局，如何可以混在一起？适之倒是乐观，我很感念他；但事情还是没有办法的，我无论如何不去。"

　　平湖秋月已设酒肆，稍近即闻汗臭。晚间更有猥歌声，湖上风流更不可问矣。移棹向楼外楼，满拟一棹幽静，稍远尘嚣。讵此楼亦经改作，三层楼房，金漆辉煌，有屋顶，有电扇。昔日闲逸风趣竟不可复得。因即楼下便餐，菜亦视前劣甚。柳梢头明月依然，仰对能毋愧煞！

　　仁圃幡桃味甘乃无伦，新莲亦冽香激齿。眉此时想亦在莲瓢中讨生活也。

---

① 此信据香港商务本摘录。

夜间旅客房中有一趣闻：一土妓伴客即宿矣，忽遁迹不见。偏觅无有，而前后门固早扃。迨日向晨，始于楼上便室中发现，殊可噱。

十九日早上六时起，六时二十分汽车开行，约八时到临安，修道甚佳，一路风色尤媚绝，此后更不虞路难矣。临安登轿，父亲体重，舆夫三名不胜，增至四；四犹不任，增至六。上山时簇拥邪许而前，态至狼狈。十时半抵螺丝岭［？］，新筑有屋，住僧为备饭。十二时又前行，及四时乃抵山麓。小憩龙泉寺，啖粥点心。乃盘道上山，幸云阻日光，山风稍动，不过热。轿夫皆称老爷福量大。登山一里一凉亭，及第五亭乃见瀑，猥泻石罅间，殊不庄严。近人为筑亭，颜天琴，坐此听瀑，远瞰群冈，亦一小休。到此东天目钟声剪空而来，山林震荡，意致非常。

今寓保福楼，窗前山色林香，别有天地。左一峦顶，松竹丛中，钟楼在焉。昨晚月色朦胧，忽复明爽；约藻孙与七步行入林，坐石上听泉，有顷乃归，所思邈矣。夜凉甚重，厚衾裹卧，犹有寒意。

二十日早上山，去昭明太子分经台，欲上寻龙潭，不成，悻悻折回。登山不到顶，此第一次也。又去寺右侧洗眼池。山中风色描写不易。杉佳，竹佳，钟声佳；外此则远眺群山，最使怡旷。

二十一日早下山。十时到西天目。地当山麓，寺在胜间，胜地也。

［一九二六年］七月二十一日①

---

① 香港商务本注为"1925年"据其内容与上信相承，应作于1926年7月21日。

致陆小曼　270820①

　　这几篇短文，小曼，大都是在你的小书桌上写得的，在你的书桌上写得：意思是不容易。设想一只没遮栏的小猫尽跟你捣乱：抓破你的稿纸，踹翻你的墨盂，袭击你正摇着的笔杆，还来你鬓发边擦一下，手腕上龈一口，偎着你鼻尖"爱我"的一声叫又跳跑了！但我就爱这捣乱，密甜的捣乱，抓破了我的手背我都不怨，我的乖！我记得我的一首小诗里有"假如她清风似的常在我的左右"，现在我只要你小猫似的常在我的左右！

　　你又该撅嘴生气吧，曼，说来好像拿你比小猫。你又该说我轻薄相了吧。凭良心我不能不对你恭敬的表示谢意。因为你给我的是最严正的批评（在你玩儿毂了的时候），你确是有评判的本能，你从不容许我丝毫的"臭美"，你永远鞭策我向前，你是我的事业上的诤友！新近我懒散得太不成话了，也许这就是驽马的真相，但是，曼，你不妨到时候再扬一扬你的鞭丝，试试他这赢倒是真的还是装的。

志摩

［一九二七年］八月二十日

---

① 此信摘自徐志摩《巴黎的鳞爪》一书。

致小曼　270823[①]

小曼：

　　如其送礼不妨过期到一年的话，小曼，请你收受这一集诗，算是纪念我俩结婚的一份小礼。秀才人情当然是见笑的，但好在你的思想，眉，本不在金珠宝石间！这些不完全的诗句，原是不值半文钱，但在我这穷酸，说也脸红，已算是这三年来唯一的积蓄。我不是诗人，我自己一天明白似一天，更不须隐讳；狂妄的虚潮早经销退，余剩的只一片粗确的不生产的砂田，在海天的荒凉中自艾。"志摩感情之浮，使他不能为诗人，思想之杂，使他不能为文人。"这是一个朋友给我的评语。煞风景，当然，但我的幽默不容我不承认他这来真的辣入骨髓的看透了我。煞风景，当然，但同时我却感到一种解放的快乐——"我不想成仙，蓬莱不是我的分我只要地面情愿安分的做人"……

　　本来是！"如其诗句得来"，诗人济慈说："不像是叶子那么长上树枝，那这不如不来的好。"我如其曾经有这一星星诗的本能，这几年都市的生活早就把它压死，这一年间我只淘成了一首诗，前途更是渺茫，唉，不来也罢，只是我怕辜负你的期望，眉，我如何能不感到惆怅！因此这一卷诗，大约是末一卷吧，我不能不郑重的献致给你，我爱，

陆小曼

———————

① 此信作为徐志摩《翡冷翠的一夜》序，今摘录收编。

请你留了它，只当它是一件不稀奇的古董，一点不成品的纪念。……

志摩

[一九二七年] 八月二十三日花园别墅

陆小曼

致陆小曼　271127①

陆小曼

眉：

　　昨刘太太亦同行，剪发烫发，又戴上霞飞路十八元毡帽，长统丝袜，绣花手套，居然亭亭艳艳，非复"吴下阿蒙"甚矣，巴黎之感化之深也。

　　午快车等于慢车，每站都停；到南京已九时有余。一路幸有同伴，尚不难过。忆上次到南京，正值龙潭之役。昨夜月下经过，犹想见血肉横飞之惨。在此山后数十里，我当时坐洋车绕道避难，此时都成陈迹矣。

　　歆海家一小洋房，平屋甚整洁。湘玫理家看小孩，兼在大学教书，甚勤。因我来特为制新被褥借得帆布床，睡客堂中，暖和舒服不让家中；昨夜畅睡一宵，今晨日高始起。即刻奚若端升光临了。你昨夜能熬住不看戏否？至盼能多养息。我事毕即归，弗念。阿哥已到否？为我候候。

　　此间天气甚好，十月小阳春也。

　　父母前叩安湘玫附候。

摩摩

［一九二七年］十一月二十七日

---

① 此信据香港商务本摘录。

致陆小曼　280617①

亲爱的：

　　离开了你又是整一天过去了。我来报告你船上的日子是怎么过的。我好久没有甜甜的睡了，这一时尤其是累，昨天起可有了休息了；所以我想以后生活觉得太倦了的时候，只要坐船，就可以养过来。长江船实在是好，我回国后至少我得同你去来回汉口坐一次。你是城里长大的孩子，不知道乡居水居的风味，更不知道海上河上的风光；这样的生活实在是太窄了，你身体坏一半也是离天然健康的生活太远的原故。你坐船或许怕晕，但走长江乃至走太平洋决不至于。因为这样的海程其实说不上是航海，尤其在房间里，要不是海水和机轮的声音，你简直可以疑心这船是停着的。昨晚给你写了信，就洗澡上床睡，一睡就着，因为太倦了，一直睡到今早上十点钟才起来。早饭已吃不着，只喝一杯牛茶。穿衣服最是一个问题，昨晚上吃饭，我穿新做那件米华色丝纱，外罩春舫式的坎肩；照照镜子，还不至于难看。文伯也穿了一件艳绿色的绸衫子，两个人联袂而行，趾高气扬的进餐堂去。我倒懊恼中国衣带太少了，尤其那件新做蓝的夹衫，我想你给我寄纽约去。只消挂号寄，不曾遗失的；也许有张单子得填，你就给我寄吧。用得着的。还有人和里我看中了一种料子，只要去信给田先生，他知道给染什么颜色。染得

---

① 此信据香港商务本摘录。

了，让拿出来叫云裳按新做那件尺寸做，安一个嫩黄色的极薄绸里子最好；因为我那件旧的黄夹衫已经褪色，宴会时不能穿了。你给我去信给爸爸，或是他还在上海，让老高去通知关照人和要那料子。我想你可以替我办吧。还有衬裹的绸裤褂（扎脚管的）最好也给做一套，料子也可以到人和要去，只是你得说明白材料及颜色。你每回寄信的时候不妨加上"Via Vancouvcr①"也许可以快些。

今天早上我换了洋服，白哔叽裤，灰法兰绒褂子，费了我好多时候，才给打扮上了，真费事。最糟是我的脖子确先从十四时半长到了十五时；而我的衣领等等都还是十四时半，结果是受罪。尤其是瑞午送我那件特别Shirt②，领子特别小，正怕不能穿，那真可惜。穿洋服是真不舒服，脖子、腰、脚，全上了镣铐，行动都感到拘束，那有我们的服装合理，西洋就是这件事情欠通，晚上还是中装。

饭食也还要得，我胃口也有渐次增加的趋向。最好一样东西是桔子，真正的金山桔子，那个儿的大，味道之好，同上海卖的是没有比的。吃了中饭到甲板上散步，走七转合一哩，我们是宽袍大袖，走路斯文得很。有两个牙齿雪白的英国女人走得快极了，我们走小半转，她们走一转。船上是静极了的，因为这是英国船，客人都是些老头儿，文伯管他们叫做retired burglars③，因为他们全是在东方赚饱了钱回家去的。年轻女人虽则也有几个，但都看不上眼，倒是一位似乎福建人的中国女人，长得还不坏。可惜身边永远有两个年轻人拥护着，说的话也是我们没法懂的，所以也只能看看。到现在为止，

陆小曼

———————————

① 过温哥华。
② 衬衫。
③ 退休窃贼。

我们跟谁都没有交谈过，除了房间里的boy①，看情形我们在船上结识朋友的机会是少得很，英国人本来是难得开口，我们也不一定要认识他们。船上的设备和布置真是不坏；今天下午我们各处去走了一转，最上层的甲板是叫sundeck②可以太阳浴。那三个烟囱之粗，晚上看看真吓人。一个游泳池真不坏，碧清的水逗人得很，我可惜不会游水，否则天热了，一天浸在里面都可以的。健身房也不坏，小孩子另有陈设玩具的屋子，图书室也好，只有是书少而不好。音乐也还要得，晚上可以跳舞，但没人跳。电影也有，没有映过。我们也到三等烟舱里去参观了，那真叫我骇住了，简直是一个Chinatown③的变相，都是赤膊赤脚的，横七竖八的躺着，此外摆有十几只长方的桌子，每桌上都有一两人坐着，许多人围着，我先不懂，文伯说了，我才知道是"摊"，赌法是用一大把棋子合在碗下，你可以放注，庄家手拿一根竹条，四颗四颗的拨着数，到最后胜下的几颗定输赢。看情形进出也不小，因为每家跟前都是有一厚叠的钞票：这真是非凡，赌风之盛。一至于此！还有一件奇事，你随便什么时候可以叫广东女人来陪，呜呼！中华的文明。

下午望见有名的岛山，但海上看不见飞鸟。方才望见一列灯火，那是长崎，我们经过不停。明日可到神户，有济远来接我们，文伯或许不上岸。我大概去东京，再到横滨，可以给你寄些小玩意儿，只是得买日本货，不爱国了，不碍吗？

我方才随笔写了一短篇下昆冈的小跋，寄给你，看过交

---

① 仆役。

② 日光甲板。

③ 中城，唐人街。

给上沅①付印，你可以改动，你自己有话的时候不妨另写一段或是附在后面都可以。只是得快些，因为正文早已印齐，等我们的序跋和小鹣的图案了，这你也得马上逼着他动手，再迟不行了！再伯生他们如果真演，来请你参观批评的话，你非得去，标准也不可太高了，现在先求有人演。那才看出戏的可能性，将来我回来，自然还得演过。不要忘了我的话。同时这夏天我真想你能写一两个短戏试试，有什么结构想到的就写信给我，我可以帮你想想。我对于话剧是有无穷愿望的，你非得大大的帮我忙，乖囡！

你身体怎样，昨天早起了不太累吗？冷东西千万少吃，多多保重，省得我在外提心吊胆的！

妈那里你去信了没有？如未，马上就写。她一个人在也是怪可怜的。爸爸娘大概是得等竞武信，再定搬不搬；你一人在家各事都得警醒留神，晚上早睡，白天早起，各事也有个接洽，否则你迟睡，淑秀也不早起，一家子就没有管事的人了，那可不好。

文伯方才说美国汉玉不容易卖，因为他们不承认汉玉，且看怎样。明儿再写了，亲爱的，哥哥亲吻你一百次，祝你健安。

摩摩

十七日夜［一九二八年六月十七日］

陆小曼

---

① 上沅：即余上沅。湖北红陵沙市镇人。字舲容，上沅为其笔名。作家。

致陆小曼　　280618①

亲爱的：

　　我现在一个人在火车里往东京去；车子震荡得很凶，但这是我和你写信的时光，让我在睡前和你谈谈这一天的经过。济远②隔两天就可以见你，此信到，一定远在他后，你可以从他知道我到日时的气色等等。他带回去一束手绢，是我替你匆匆买得的，不一定别致；到东京时有机会再去看看，如有好的，另寄给你。这真是难解决，一面为爱国，我们决不能买日货，但到了此地看各样东西制作之玲巧，又不能不爱。济远说：你若来，一定得装几箱回去才过瘾。说起我让他过长崎时买一筐日本大樱桃给你，不知他能记得否。日本的枇杷大极了，但不好吃。白樱桃亦美观，但不知可口不？我们的船从昨晚起即转入——岛国的内海，九州各岛灯火辉煌，于海波澎湃夜色苍茫中，各具风趣。今晨起看内海风景，美极了，水是绿的，岛屿是青的，天是蓝的；最相映成趣的是那些小渔船一个个扬着各色的渔帆，黄的、蓝的、白的、灰的，在轻波间浮游。我照了几张，但因背日光，怕不见好。饭后船停在神户口外，日本人上船来检验护照。我上函说起那比较看得的中国的女子，大约是避绑票一类，全家到日本上岸。我和文伯说这样好，一船上男的全是蠢，女的

100
——
101

---

① 此信据香港商务本摘录。
② 济远，即王济远，安徽歙县人。字大本，笔名济远，美术家。

全是丑，此去十余日如何受得了。我就想象如果乖你同来的话，我们可以多么堂皇的并肩而行，叫一船人尽都侧目！大锋头非得到外国出，明年咱们一定得去西洋——单是为呼吸海上清新的空气也是值得的。

船到四时才靠岸，我上午发无线电给济远的，他所以约了鲍振青来接，另外同来一两个新闻记者，问这样问那样的，被我几句滑话给敷衍过去了，但相是得照一个的，明天的神户报上可见我们的尊容了。上岸以后，就坐汽车乱跑，街上新式的雪佛洛来跑车最多，买了一点东西，就去山里看雌雄泷瀑布，当年叔华的兄姊淹死或闪死的地方。我喜欢神户的山，一进去就扑鼻的清香，一般［应为"股"字］凉爽气侵袭你的肘腋，妙得很。一路上去有卖零星手艺及玩具的小铺子，我和文伯买了两根刻花手杖。我们到雌雄泷池边去坐谈了一阵，暝色从林木的青翠里浓浓的沁出，飞泉的声音充满了薄春的空山：这是东方山水独到的妙处。下山到济远寓里小憩；说起洗澡，济远说现在不仅通伯敢于和别的女人一起洗，就是叔华都不怕和别的男性共浴，这是可咋舌的一种文明！

我们要了大葱面点饥①，是葱而不臭，颇入味。鲍君为我发电报，只有平安两字，但怕你们还得请教小鹅，因为用日文发要比英文便宜几倍的价钱，出来又吃鳗饭，又为鲍君照相（此摄影大约可见时报）赶上车，我在船上买的一等票，但此趟急行车只有睡车二等而无一等，睡车又无空位，怕只得坐这一宵了。明早九时才到东京，通伯想必来接。后日去横滨上船，想去日光或箱根一玩，不知有时候否，曼，你想我不？你身体见好不？你无时不在我切念中，你千万保重，

---

① 海宁方语，即充饥的意思。

处处加爱，你已写信否？过了后天，你得过一个月才得我信，但我一定每天给你写，只怕你现在精神不好，信过长了使你心烦。我知道你不喜我说哲理话，你知道你哥哥爱是深入骨髓的。我亲吻你一千次。

摩摩

十八日 ［一九二八年六月十八日］

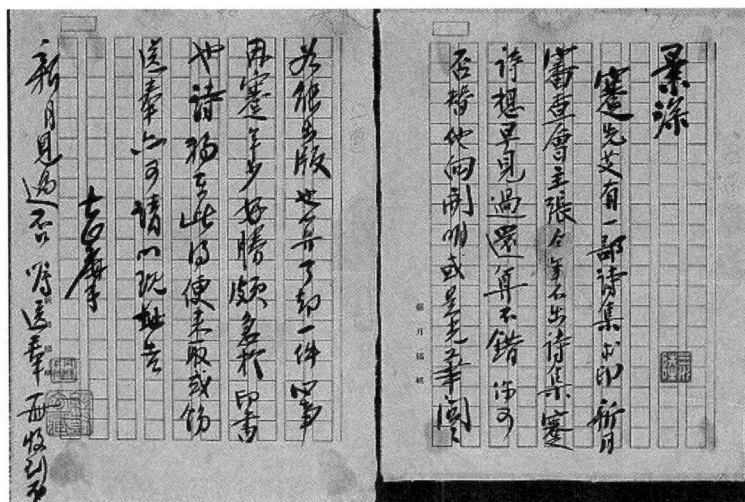

徐志摩书信手迹

致陆小曼　280624[①]

陆小曼

眉眉：

　　我说些笑话给你听：这一个礼拜每晚上，我都躲懒，穿上中国大褂不穿礼服，一样可以过去。昨晚上文伯说：这是星期六，咱们试试礼服罢。他早一个钟头就动手穿，我直躺着不动，以为要穿就穿，哪用着多少时候。但等到动手的时候，第一个难关就碰到了领子；我买的几个硬领尺寸都太小了些，这罪可就受大了，而且是笑话百出。因为你费了多大劲把它放进了一半，一不小心，它又out[②]了！简直弄得手也酸了，胃也快翻了，领子还是扣不进去。没法想，只得还是穿了中国衣服出去。今天赶一个半钟点前就动手，左难右难，哭不是，笑不是的麻烦了足足一个时辰，才把它扣上了。现在已经吃过饭，居然还不闹乱子，还没有out！这文明的麻烦真有些受不了。到美国我真想常穿中国衣，但又只有一件新做的可穿，我上次信要你替我去做，不知行不？

　　海行冷极了，我把全副行头都给套上了，还觉得凉。天也阴凄凄的不放晴；在中国这几天正当黄梅，我们自从离开日本以来简直没见过阳光，早晚都是这晦气脸的海和晦气脸的天。甲板上的风又受不了，只得常常躲在房间里。唯一的消遣是和文伯谈天。这有味！我们连着谈了几天，谈不完的天。今天一

---

① 此信据香港商务本摘录。
② 出来。

开眼就——喔，不错，我一早做一个怪梦，什么Freddy叫陶太太拿一把根子闹着玩儿给打死了——一开眼就检到了Society Ladies①的题目瞎谈，从唐瑛讲到温大龙（one dollar），从郑毓秀讲到小黑牛。这讲完了，又讲有名的姑娘，什么爱之花、潘奴、雅秋、亚仙的胡扯了半天。这讲了，又谈当代的政客，又讲银行家、大少爷、学者，学者们的太太们，什么都谈到了。曼！天冷了，出外的人格外思家。昨天我想你极了，但提笔写可又写不上多少话；今天我也真想你，难过得很，许是你也想我了。这黄梅时阴凄的天气谁不想念他的亲爱的？

你千万自己处处格外当心——为我。

文伯带来一箱女衣，你说是谁的？陈洁如你知道吗？蒋介石的太太，她和张静江的三小组在纽约，我打开她箱子来看了，什么尺呀，粉线袋、百代公司唱词本儿、香水、衣服，什么都有。等到纽约见了她，再作详细报告。

今晚有电影，Billie Dove的，要去看了。

摩摩的亲吻

［一九二八年］六月二十四日

---

① 上层社会贵夫人。

致陆小曼　280625[①]

　　明天我们船过子午线，得多一天。今天是二十五，明天
本应二十六，但还是二十五；所以我们在船上的多一个礼拜
一，要多活一天。不幸我们是要回来的，这检来的一天还是
要丢掉的。这道理你懂不懂？小孩子！我们船是向东北走
的，所以愈来愈冷。这几天太太小姐们简直皮小氅都穿出来
了。但过了明天，我们又转向东南，天气就一天暖似一天。
到了Victoria[②]就与上海相差不远了。美国东部纽约以南一定已
经很热，穿这断命的外国衣服，我真有点怕，但怕也得挨。

　　船上吃饱睡足，精神养得好多，面色也渐渐是样儿了。
不比在上海时，人人都带些晦气色。身体好了，心神也宁静
了。要不然我昨晚的信如何写得？那你一看就觉得到这是两
样了。上海的生活想想真是糟。陷在里面时，愈陷愈深；自
己也觉不到这最危险，但你一跳出时，就知道生活是不应得
这样的。

　　这两天船上稍为有点生气，前今两晚举行一种变相的赌
博：赌的是船走的里数，信上说是说不明白的。但是auction
sweep[③]一种拍卖倒是有点趣味——赌博的趣味当然。我们输了
几块钱。今天下午，我赛马，有句老话是：船顶上跑马，意
思是走投无路。但我们却真的在船上举行赛马了。我说给你

陆小曼

---

① 此信据香港商务本摘录。

② 维多利亚。

③ 大甩卖。

听：地上铺一条划成六行二十格的毯子，拿六只马——木马当然，放在出发的一头，然后拿三个大色子掷在地上；如其掷出来是一二三，那第一第二第三三个马就各自跑上一格；如其接着掷三个一点，那第一只马就跳上了三步。这样谁先跑完二十格，就得香槟。买票每票是半元，随你买几票。票价所得的总数全归香槟，按票数分得，每票得若干。比如六马共卖一百张票，那就是五十元。香槟马假如是第一马，买的有十票，那每票就派着十元，今天一共举行三赛，两次普通，一次"跳浜"；我们赢得了两块钱，也算是好玩。

第二个六月二十五：今天可纪念的是晚上吃了一餐中国饭，一碗汤是鲍鱼鸡片，颇可口，另有广东咸鱼草菇球等四盆菜。我吃一碗半饭，半瓶白酒，同船另有一对中国人；男姓李，女姓宋，订了婚的，是广东李济琛的秘书；今晚一起吃饭，饭后又打两圈麻将。我因为多喝了酒，多吃了烟，颇不好受；头有些晕，赶快逃回房来睡下了。

今天我把古董给文伯看：他说这不行，外国人最讲考据，你非得把古董的历史原原本本的说明不可。他又说：三代铜器是不含金质的，字体也太整齐，不见得怎样古；这究是几时出土，经过谁的手，经过谁评定，这都得有。凡是有名的铜器在考古书上都可以查得的。这克炉是什么时代，什么口铸的，为什么叫"克"？我走得匆促，不曾详细问明，请瑞午给我从详（而且须有根据，要靠得住）即速来一个信，信面添上——"Via Geattle"①，可以快一个礼拜。还有那瓶子是明朝什么年代，怎样的来历，也要知道。汉玉我今天才打开看，怎么爸爸只给我些普通的。我上次见过一些药铲什么好些的，一样都没有，颇有些失望。但我当然去尽力试

① 路经美国西雅图。

卖。文伯说此事颇不易做，因为你第一得走门路，第二近年来美国人做冤大头也已经做出了头。近来很精明了，中国什么路货色什么行市，他们都知道。第二即使有了买主，介绍人的佣金一定不小，比如济远说在日本卖画，实价五千，卖主真到手的不过三千，因为八大那张画他也没有敢卖。而且还有我们身分的关系，万一他们找出证据来说东西靠不住，我们要说大话，那很难为情。不过他倒是有这一路的熟人，且碰碰运气去看。竟武他们到了上海没有？我很挂念他们。要是来了，你可以不感寂寞，家小也有人照应了；如未到来信如何说法，我不另写信了；他们早晚到，你让他们看信就得。

我和文伯谈话，得益很多。他倒是在暗里最关切我们的一个朋友。他会出主意，你是知道的。但他这几年来单身人在银行界最近在政界怎样的做事，我也才完全知道，以后再讲给你听。他现在背着一身债，为要买一个清白，出去做事才立足得住。在一般人看来，他是一个大傻子；因为他放过明明不少可以发财的机会不要，这是他的品格，也显出他志不在小，也就是他够得上做我们朋友的地方。他倒很佩服娘，说她不但有能干而有思想，将来或许可以出来做做事。在船上是个极好反省的机会。我愈想愈觉得我俩有赶快Wake up①的必要。上海这种疏松生活实在是要不得，我非得把你身体先治好，然后再定出一个规模来，另辟一个世界，做些旁人做不到的事业，也叫爸娘吐气。

我也到年纪了，再不能做大少爷，马虎过日。近来感受种种的烦恼，这都是生活不上正轨的缘故。曼，你果然爱我，你得想想我的一生，想想我俩共同的幸福；先求养好身

① 觉醒。

体，再来做积极的事。一无事做是危险的，饱食暖衣无所用心，决不是好事。你这几个月身体如能见好，至少得赶紧认真学画和读些正书。要来就得认真，不能自哄自，我切实的希望你能听摩的话。你起居如何？早上何时起来？这第一要紧——生活革命的初步也。

摩亲吻你

［一九二八年六月二十五日］

Empress of Canada June23RD，1928

Darling:

This is the 8th day on board and I havent told you much about what it feels to be on board such a big ship as the Empress of Canada. The fact is we very much regret having taken to this boat instead of one of the Dollar line boats. This is a Canada ship, a Britisher. not American. Consequently the atmosphere on board is pervaded with that British chill which is made doubly worse by the sea chill of the Northern Pacifie. You mean to tell me this is summer time? Yes, Except in the sight of here and there barely surviving white flannels and white eanvas shoes one finds it extremely difficult to make out any trace of summer. Enter the drawing rooms and you feel（not surprisedly）the good of the radiators heartily at work again; go to the decks and you feel the good of caps and over coats and heavy shawls and thick steamship rugs tightly tugged round your sides; look at the sea and you are confronted with indifferent masses of steely water hemmded in by hazy horizons and overcast with a misty firmament that promises neither snulight nor gladhued clouds, And you mean to tell me that this is summper, the month of June?

Wemps just proposed a star plan to us which, if successfully carried out will combine art and money, "Go to join me Hollywood Crowd and make a million gold dollars of fortune out of say three years work" —— he says he can think of no better plan than that.

[英文译意]

亲爱的：

这是在船上度过的第八天，可我还没有和你多谈些在这条大船——加拿大皇后号上的感受。事实上我们很后悔乘坐这条船，而没有搭乘美国道拉航线的船。加拿大船是英国式的而不是美国式的。因此，船上的气氛弥漫着不列颠的冷漠，比起北太平洋上的寒流更加糟糕。你会说这不是夏天吗？是的，但除了到处看到全是穿着白色法兰绒鞋和白帆布鞋以外，就很难寻找到任何夏日的踪迹。走进客厅，你会感到（用不着惊奇）暖气还在开放，使人心意舒畅。走上甲板，你又会感到帽子、大衣、厚围巾、紧裹周身厚毯的适意。眺望眼前的无垠大海咆哮而冷峭，穹苍下云雾迷漫、水天一色，哪里有阳光灿烂，云彩绮丽，现在，你会说这是夏日，六月天吗？

文伯刚才提出一项卓越的计划，如果成功实现，艺术与金钱就会结合在一起。"去好莱坞干上譬如三年，赚上百万美元的财富。"他说这是他所能想到的好计划。

一九二八年六月二十三日加拿大皇后号

致陆小曼　280702①

曼：

　　不知怎的车老不走了，有人说前面碰了车；这可不是玩，在车上不比在船上，拘束得很，什么都不合式，虽则这车已是再好没有的了。我们单独占一个房间，另花七十美金，你说多贵！

　　前昨的经过始终不曾说给你听，现在补说吧！

　　Victoria②这是有钱人休息的一个海岛，人口有六七万；天气最好，至热不过八十度，到冷不逾四十，草帽、白鞋是看不见的。住家的房子有很好玩的，各种的颜色玲珑得很；花木那儿都是，简直找不到一家无花草的人家。这一季尤其各色的绣球花，红白的月季，还有长条黄花，紫的香草，连绵不断的全是花。空气本来就清，再加花香，妙不可言。街道的干净也不必说。我们坐车游玩时正九时，家家的主妇正铺了床，把被单拿到廊下来晒太阳。送牛奶的赶着空车过去，街上静得很；偶尔有一两个小孩在街心里玩。但最好的地方当然是海滨：近望海里，群岛罗列，白鸟飞翔，已是一种极闲适之景致；远望更佳，夏令配克高峰都是戴着雪帽的，在朝阳里煊耀：这使人尘俗之念，一时解化。我是个崇拜自然者，见此如何不倾倒！游罢去皇后旅馆小憩；这旅馆也大极了，花园尤佳，竟是个繁花世界，草地之可

---

① 此信据香港商务本摘录。

② 维多利亚。

爱，更是中国所不可得见。

中午有本地广东人邀请吃面，到一北京楼；面食不见佳，却有一特点；女堂倌是也。她那神情你若见了，一定要笑，我说你听。

姑娘是琼州生长的女娃！
生来粗眉大眼刮刮叫的英雌相，
打扮得象一朵荷花透水鲜，
黑绸裙，白丝袜，粉红的绸衫，
再配上一小方围腰，
她走道儿是玲丁当，
她开口时是有些儿风骚；
一双手倒是十指尖；
她跟你斟上酒又倒上茶……

陆
小
曼

据说这些打扮得娇艳的女堂倌，颇得洋人的喜欢。因为中国菜馆的生意不坏，她们又是走码头的，在加拿大西美名城子轮流做招待的。她们也会几只山歌，但不是大老板，她们是不赏脸的。下午四时上船，从维多利亚到西雅图，这船虽小，却甚有趣。客人多得很，女人尤多。在船上，我们不说女人没有好看的吗？现在好了，越向内地走，女人好看的似乎越多；这船上就有不少看得过的。但我倦极了，一上船就睡着了。这船上有好玩的，一组女人的音乐队，大约不是俄国便是波兰人吧！打扮得也有些妖形怪气的，胡乱吹打了半天，但听的人实在不如看的人多！船上的风景也好，我也无心看，因为到岸就得检验行李过难关。八时半到西雅图，还好，大约是金问泗的电报，领馆里派人来接，也多亏了他；出了些小费，行李居然安然过去。现在无妨了，只求得到主儿卖得掉，否则原货带回，也够扫兴的不是？当晚为护照行李足足弄了两小时，累得很；一到客栈，吃了饭，就上床睡。不到半夜又醒了，总是似梦非梦的见着你，怎么也睡不着。临睡前额角在一块玻璃角上撞了一个窟窿，腿上也磕出了血，大约是小晦气，不要紧的，你们放心。昨天早上起来去车站买票，弄行李，离开车尚有一小时。雇一辆汽车去玩西雅图城，这是一个山城，街道不是上，就是下，有的峻险极了，看了都害怕。山顶就一只长八十里的大湖叫Lake Washington①可惜天阴，望不清。但山里住家可太舒服了。十一时上车，车头是电气的，在万山中开行，说不尽的好玩。但今朝又过好风景，我还睡着错过了！可惜，后天是美国共和纪念日，我们正在芝加哥。我要睡了，再会！妹妹！

摩

［一九二八年］七月二日

---

① 华盛顿湖。

致陆小曼　280705①

亲爱的：

整两天没有给你写信，因为火车上实在震动得太厉害，人又为失眠难过，所以索性耐着，到了纽约再写。你看这信笺就可以知道我们已经安到我们的目的地——纽约。方才浑身都洗过，颇觉爽快。这是一个比较小的旅馆，但房金每天合中国钱每人就得十元，房间小得很，虽则有澡室等，设备还要得。出街不几步，就是世界有名的Fifth Ave②。这道上只有汽车，那多就不用提了。我们还没有到K.C.H.那里去过，虽则到岸时已有电给他，请代收信件。今天这三两天怕还不能得信，除非太平洋一边的邮信是用飞船送的，那看来不见得。说一星期吧，眉你的第一封信总该来了吧，再要不来，我眼睛都望穿了。眉，你身体该好些了吧？如其还要得，我盼望你不仅常给我写信，并且要你写得使我宛然能觉得我的乖眉小猫儿似的常在我的左右！我给你说说这几天的经过情形，最苦是连着三四晚失眠。前晚最坏了，简直是彻夜无眠，也不知是什么原因。一路火旺得很，一半许是水土，上岸头几天又没有得水果吃，所以烧得连口唇皮都焦黑了。现在好容易到了纽约，只是还得忙：第一得寻一个适当的apartment③。夏天人家出外避暑，许有好的出租。第二得想法出脱带来的宝贝。说起昨

---

① 此信据香港商务本摘录。
② 纽约第五街。
③ 旅社（房子）。

天过芝加哥，我们去Museum of Natural History①走来了。那边有一个玉器专家叫Lanfer②，他曾来中国收集古董，印一本讲玉器的书，要卖三十五元美金，昨天因为是美国国度纪念他不在馆，没有见他。可是文伯开玩笑，给出一个主意，他让我把带来的汉玉给他看，如他说好，我就说这是不算数，只是我太太Madame Hsu Slaomay③的小玩意儿collection④她老太爷才真是好哪。他要同意的话就拿这一些玉全借给他，陈列在他的博物院里，请本城或是别处的阔人买了捐给院里。文伯又说，我们如果吹得得法的话不妨提议他们请爸爸做他们驻华收集玉器代表。这当然不过是这么想，但如果成的话，岂不佳哉？我先寄此，晚上再写。

摩

[一九二八年七月五日]

---

① 美国自然历史博物馆。

② 兰弗。

③ 徐小曼太太。

④ 收藏品。

致陆小曼　281004[1]

陆
小
曼

爱眉：

久久不写中国字，写来反而觉得不顺手。我有一个怪癖，总不喜欢用外国笔墨写中国字，说不出的一种别扭，其实还不是一样的。昨天是十月三日号按阳历是我俩的大喜纪念日，但我想不用它，还是从旧历以八月二十七孔老先生生日那天作为我们纪念的好；因为我们当初挑的本来是孔诞日而不是十月三日，那你有什么意味？昨晚与老李喝了一杯cocktail[2]，再吃饭，倒觉得脸烘烘热了一两个钟头。同船一班英国鬼子都是粗俗到万分，每晚不是赌钱赛马，就是跳舞闹，酒间里当然永远是满座的。这班人无一可谈，真是怪，一出国的英国鬼子都是这样的粗伧可鄙。那群舞女（Bawoard Company[3]）不必说，都是那一套，成天光着大腿子，打着红脸红嘴赶男鬼胡闹，淫骚粗丑的应有尽有。此外的女人大半部是到印度或缅甸去传教的一群干瘪老太婆，年纪轻些的，比如那牛津姑娘（要算她还有几分清气），说也真妙，大都是送上门去结婚的，我最初只发现那位牛姑娘（她名字叫Sidebottm[4]多难听！）是新嫁娘，谁知接连又发现至九个之多，全是准备流血去的！单是一张饭桌上，就有六个大新娘

---

① 此信据香港商务本辑录。
② 鸡尾酒。
③ 卖淫团伙。
④ 西德保特姆。

徐志摩与陆小曼书画作品

你说多妙！这班新娘子，按东方人看来也真看不惯，除了真丑的，否则每人也都有一个临时朋友，成天成晚的拥在一起，分明她们良心上也不觉得什么不自然这真是洋人洋气！

我在船上饭量倒是特别好，菜单上的名色总得要过半。这两星期除了看书（也看了十来本书）多半时候，就在上层甲板看天看海。我的眼望到极远的天边，我的心也飞去天的那一边。眉你不觉得吗，我每每凭阑远眺的时候，我的思绪总是紧绕在我爱的左右，有时想起你的病态可怜，就不禁心酸滴泪。每晚的星月是我的良伴。

自从开船以来，每晚我都见到月，不是送她西没，就是迎他东升。有时老李伴着我，我们就看着海天也谈着海天，满不管下层船客的闹，我们别有胸襟，别有怀抱，别有天地！

乖眉，我想你极了，一离马赛，就觉到归心如箭，恨不能一脚就往回赶。此去印度真是没法子，为还几年来的一个愿心，在老头升天以前再见他一次，也算尽我的心。象这样抛弃了我爱，远涉重洋来访友，也可以对得住他的了。所以我完全无意留连，放着中印度无数的名胜异迹，我全不管，一到孟买（Bombay）就赶去Calcutta①见了老头，再顺路一到大吉岭，瞻仰喜马拉雅的丰采，就上船迳行回沪。眉眉我心肝，你身体见好否？半月来又无消息，叫我如何放心得下，这信不知能否如期赶到？但是快了，再一个月你我又可交抱相慰的了！

摩的热吻

香港电到时，盼知照我父。

［一九二八年十月四日］

陆小曼

---

① 印度加尔各答。

致陆小曼　281211[①]

小曼：

　　到今天才偷着一点闲来写信，但愿在写完以前更不发生打岔。到了北京是真忙，我看人，人看我，几个转身就把白天磨成了夜。先来一个简单的日记吧。

　　星期六在车上又逢着了李济之大头先生，可算是欢喜冤家，到处都是不期之会。车误了三个钟头，到京已晚十一时。老金、丽琳、瞿菊农，都来站接我：故旧重逢，喜可知也。老金他们已迁入叔华的私产那所小洋屋，和她娘分住两厢，中间公用一个客厅。初进听老金就打哈哈，原来新月社那方大地毯，现在他家美美的铺着哪。如此说来，你当初有些错冤了王公厂了。琳琳还是那旧精神，开口难么闭口面的有趣。老金长得更丑更蠢更笨更呆更木更傻不离难了！他们一开口当然就问你，直骂我，说什么都有是我的不是，为什么不离开上海？为什么不带你去外国，至少上北京？为什么听你在腐化不健康的环境里耽着？这样那样的听说了一大顿，说得我哑口无言。本来是无可说的！丽琳告奋勇她要去上海看看你倒是怎么回事。种种的废话都是长翅膀的，可笑却可厌。他俩还得向我开口正式谈判哪，可怕！

　　Emma已不和他们同往，不合式，大小姐二小姐分了家了。当晚Emma也来了，她可也变了样，又老又丑，全不是原

----

① 此信据香港商务本辑录。

先巴黎伦敦丰采，大为扫兴。

第二天星期一，早去协和，先见思成，梁先生的病情谁都不能下断语。医生说希望绝无仅有，神智稍为清宁些，但绝对不能见客，一兴奋病即变相。前几天小便阻塞，过一大危险，亦为兴奋。因此我亦只得在门缝里张望，我张了两次：一次是躺着，难看极了，半只脸只见瘦黑而焦的皮包着骨头，完全脱了形了，我不禁流泪；第二次好些，他靠坐着和思成说话多少还看出几分新会先生的神采。昨天又有变象，早上忽发寒热，抖战不止，热度升至四十以上，大夫一无捉摸；但幸睡眠甚好，饮食亦佳。老先生实在是绞枯了脑汁，流干了心血，病发作就难以支持；但也还难说，竟许他还能多延时日。梁大小姐①亦尚未到。思成因日前离津去奉，梁先生病已沉重，而左右无人作主，大为一班老辈朋友所责备。彼亦面黄肌瘦，看看可怜。林大小姐则不然，风度无改，涡媚犹圆，谈锋尤健，兴致亦豪：且亦能吸烟卷喝啤酒矣！

星期中午老金为我召集新月故侣，居然尚有二十余人之多。计开：任叔永夫妇、杨景任、熊佛西夫妇、余上沅夫妇、陶孟和夫妇、邓叔存、冯友兰、杨金甫、丁在君、吴之椿、瞿菊农等，彭春临时赶到，最令高兴，但因高兴喝酒即多，以致终日不适，腹绞脑涨，下回自当留意。

星期晚间在君请饭，有彭春及思成夫妇，瞎谈一顿。昨天星一早去石虎胡同蹇老处，并见慰堂，略谈任师身后布置，此公可称以身殉学问者也，可敬！午后与彭春约同去清华，见金甫等。彭春对学生谈戏，我的票也给绑上了，没法摆脱。罗校长居然全身披挂，威风凛凛，杀气腾腾，然其太太则十分循顺，劝客吃糖食十分殷勤也。晚归路过燕京，见到冰心女士；承蒙不弃，声声志摩，颇非前此冷傲，异哉。

———————————

① 梁启超之长女令娴。

陆小曼

与P.C.进城吃正阳楼双脆烧炸肥羊肉，别饶风味。饭后看苟慧生翠屏山，配角除马富禄外，太觉不堪。但慧生真慧，冶荡之意描写入神，好！戏完即与彭春去其寓次长谈。谈长且畅，举凡彼此两三年来屯聚于中者一齐倾吐无遗，难得，难得！直至破晓，方始人寐，彭春恐一时不能离南开；乃兄已去国，二千人教育责任，尽在九爷肩上。然彭春极想见曼，与曼一度（似应"席"字）长谈。一月外或可南行一次，我亦亟望其能成行也。P.C.真知你我者，如此知己，仅矣！今日十时去汇业见叔濂，门锁人愁，又是一番景象。此君精神颇见颓丧然言自身并无亏空，不知确否。

午间思成藻孙约饭东兴楼，重尝乌鱼蛋芙蓉鸡片。饭后去淑筠家，老伯未见，见其姬，函款面交。希告淑筠，去六阿姨处，无人在家，仅见黑哥之母（？）。三舅母处想明日上午去，西城亦有三四处朋友也。今晚杨邓请饭，及看慧生全本玉堂春。明晚或可一见小楼小余之八大锤。三日起居注，絮絮述来，已有许多，俱见北京友生之富。然而京华风色不复从前，萧条景象，到处可见，想了伤心。友辈都要我俩回来，再来振作一番风雅市面，然而已矣！

曼！日来生活如何，最在念中，腿软已见除否？夜间已移早否？我归期尚未能定，大约下星四动身。但梁如尔时有变，则或尚须展缓，文伯、慰慈已返京，尚未见。文伯麻子今煌煌大要人矣。

堂上均安不另。

汝摩亲吻

星期二[1] ［一九二八年十二月十一日］

---

[1] 商务本为"十二月十三日"，查日历1928年12月11日为星期二，故今改之。

致陆小曼　281221①

Darling（亲爱的）：

车现停在河南境内（陇海路上），因为前面碰车出了事，路轨不曾修好，大约至少得误点六小时，这是中国的旅行。老舍处电想已发出，车到如在半夜，他们怕不见得来接，我又说不清他家的门牌号数，结果或须先下客栈。同车熟人颇多，黄嫁寿带了一个女人，大概是姨太太之一，他约我住他家，我倒是想去看看他的古董书画。你记得我们有一次在他家吃饭，obata②请客吗？他的鼻子大得奇怪，另有大鼻子同车。罗家伦校长先生是也，他见了我只是窘，尽说何以不带小曼同行，杀风景，杀风景！要不然就吹他的总司令长，何应钦白崇禧短，令人处处齿冷。

车上极挤，几乎不得坐位，因有相识人多定卧位，得以高卧。昨晚自十时半睡至今日十时，大畅美，难得。地在淮北河南，天气大寒，朝起初见雪花，风来如刺。此一带老百姓生活之苦，正不可以言语形容。同车有熟知民间苦况者，为言民生之难堪；如此天时，左近乡村中之死于冻饿者，正不知有多少。即在车上望去，见土屋墙壁破碎，有仅盖席于作顶，聊蔽风雨者。人民都面有菜色，手寒战，看了真是难受。回想我辈穿棉食肉，居处奢华，尚嫌不足，这是何处说

陆小曼

---

① 此信据香港商务本辑录。
② 阿巴塔。

起。我每当感情动时，每每自觉惭愧，总有一天我也到苦难的人生中间去尝一分甘苦；否则如上海生活，令人筋骨衰腐，志气消沉，那还说得到大事业！

眉，愿你多多保重，事事望远处从大处想，即便心气和平，自在受用。你的特长即在气宽量大，更当以此自勉。我的话，前晚说的，千万常常记得，切不可太任性，盼有来信。

汝摩　星期五

爸娘前请安，临行未道别为罪。

［一九二八年十二月二十一日］①

---

① 商务本注明是该年12月23日，今查日历星期五当在"12月21日"，夸改之。

致陆小曼　310224①

眉：

　　前天一信谅到，我已安到北平。适之父子和丽琳来车站接我。胡家一切都替我预备好，被窝等等一应俱全。我的两件丝绵袍子一破一烧，胡太太都已替我缝好。我的房间在楼上，一大间，后面是祖望的房，再过去是澡室；房间里的汽炉，舒适得很。温源宁要到今晚才能见，因此功课如何，都还不得而知；恐怕明后天就得动手工作。北京天时真好，碧蓝的天，大太阳照得通亮；最妙的是徐州以南满地是雪，徐州以北一点雪都没有。今天稍有风，但也不见冷。前天我写信后，同小郭去钱二黎处小坐。随后到程连士处（因在附近），程太太留吃点心，出门时才觉得时候太迟了些，车到江边跑极快，才走了七分钟，可已是六点一刻。最后一趟过江的船已於六点开走，江面上雾茫茫的只见几星轮船上的灯火。我想糟，真闹笑话了，幸亏神通广大，居然在十分钟内，找到了一只小火轮，单放送我过去，我一个人独立苍茫，看江涛滚滚，别有意境。到了对岸，已三刻，赶快跑，偏偏橘子篓又散了满地，狼狈之至。等到上车，只剩了五分钟，你说险不险！同房间一个救世军的小军官，同车相识者有翁咏霓。车上大睡，第一晚因大热，竟至梦魇。一个梦是湘眉那猫忽然反了，约了另一只猫跳上床来攻打我；凶极

陆小曼

① 此信据香港商务本辑录。

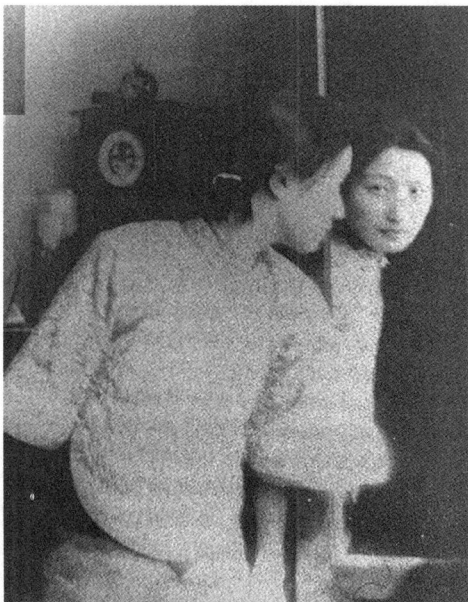
陆小曼

了，我几乎要喊救命。说起湘眉要那猫，不为别的，因为她
家后院也闹耗子，所以要她去镇压镇压。她在我们家，终究
是客，不要过分亏待了她，请你关照荷贞等，大约不久，张
家有便，即来携取的。我走后你还好否？想已休养了过来。
过年是有些累；我在上海最苦是不够睡。娘好否？说我请
安。硖石已去信否？小蝶墨盒及信已送否？大夏六十元支票
已送来否？来信均盼提及。电报不便，我或者不发了。此信
大后日可到。你晚上睡得好否？立盼来信！常写要紧。早睡
早起，才乖。

汝摩

［一九三一年］二月二十四日

致陆小曼　310226①

眉爱：

　　前日到后，一函托丽琳付寄，想可送到。我不曾发电，因为这里去电报局颇远，而信件三日内可到，所以省了。现在我要和你说的是我教书事情的安排。前晚温源宁来适之处，我们三个谈到深夜。北大的教授（三百）是早定的，不成问题。只是任课比中大的多，不甚愉快。此外还是问题，他们本定我兼女大教授，那也有二百八，连北大就六百不远。但不幸最近教部严令禁止兼任教授，事实上颇有为难处，但又不能兼。如仅仅兼课，则报酬又甚微，六点钟不过月一百五十。总之此事尚未停当，最好是女大能兼教授，那我别的都不管，有二百八和三百，只要不欠薪，我们两口子总够过活。就是一样，我还不知如何？此地要我教的课程全是新的，我都得从头准备，这是件麻烦事；倒不是别的，因为教书多占了时间，那我愿意写作的时间就很受损失。适之家地方倒是很好。楼上楼下，并皆明敞。我想我应得可以定心做做工。奚若昨天自清华回，昨晚与丽琳三人在玉华台吃饭。老金今晚回，晚上在他家吃饭。我到此饭不曾吃得几顿，肚子已坏了。方才正在写信。底下又闹了笑话，狼狈极了；上楼去，偏偏水管又断了，一滴水都没有。你替我想想是何等光景？（请不要逢人就告。到底年纪不小了，有些难

陆小曼

---

① 此信据香港商务本辑录。

为情的。）最后要告诉你一件我决不曾意料的事：思成和徽音我以为他们早已回东北，因为那边学校已开课。我来时车上见郝更生夫妇，他们也说听说他们已早回，不想他们不但尚在北平而且出了大岔子，惨得很，等我说给你听：我昨天下午见了他们夫妇俩，瘦得竟像一对猴儿，看了真难过。你说是怎么回事？他们不是和周太太（梁大小姐）思永夫妇同住东直门的吗？一天徽音陪人到协和去，被她自己的大夫看见了，他一见就拉她进去检验；诊断的结果是病已深到危险地步，目前只有立即停止一切劳动，到山上去静养。孩子、丈夫、朋友、书，一切都须隔绝，过了六个月再说话，那真是一个晴天霹雳。这几天小夫妻俩就像是热锅上的蚂蚁直转，房子在香山顶上有，但问题是叫思成怎么办？徽音又舍不得孩子，大夫又绝对不让，同时孩子也不强日见黄白。你要是见了徽音，眉眉，你一定吃吓。她简直连脸上的骨头都看出来了，同时脾气更来得暴躁。思成也是可怜，主意东也不是，西也不是。凡是知道的朋友，不说我，没有不替他们发愁的；真有些惨，又是爱莫能助，这岂不是人生到此天道宁论？丽琳谢谢你，她另有信去。你自己这几日怎样？何以还未有信来？我盼着！夜晚睡得好否？寄娘想早来。瑞午金子已动手否？盼有好消息！娘好否？我要去东兴，郑苏戡在，不写了。

摩吻

［一九三一年二月二十六日］①

---

① 商务本不署日。考《郑孝胥日记》1931年2月26日载"晤杨子勤、江叔海、胡适之、徐志摩……"，知此书当作于是日。

致陆小曼　310304①

至爱妻：

　　到平已八日，离家已十一日，仅得一函，至为关念。昨得虞裳来书，称洵美得女，你也去道喜。见你左颊微肿，想必是牙痛未愈，或又发。前函已屡嘱去看牙医。不知已否去过，已见好否？我不在家，你一切都须自己当心。即如此消息来，我即想到你牙痛苦楚模样，心甚不忍。要知此虚火，半因天时，半亦起居不时所致。此一时你须决意将精神身体全盘整理，再不可因循自误。南方不知已放晴否？乘此春时，正好努力。可惜你左右无精神振爽之良伴，你即有志，亦易于奄奄蹉跎。同时时日不待，光阴飞谢，实至可怕。即如我近两年，亦复苟安贪懒，一无朝气。此次北来，重行认真做事，颇觉吃力。但果能在此三月间扭回习惯，起劲做人，亦未为过晚。所盼者，彼此忍受此分居之苦，至少总应有相当成绩，庶几彼此可以告慰。此后日子藉此可见光明，亦快心事也。此星期已上课，北大八小时，女大八小时。昨今均七时起身，连上四课。因初到须格外卖力（学生亦甚欢迎），结果颇觉吃力。明日更烦重，上午下午两处跑，共有五小时课。星六亦重，又因所排功课，皆非我所素习，不能不稍事预备，然而苦矣。晚睡仍迟，而早上不能不起。胡太太说我可怜，但此本分内事，连年舒服过当，现在正该加倍

① 此信据香港商务本辑录。

的付利息了。

　　女子大学的功课本是温源宁的，繁琐得很。八个钟点不算，倒是六种不同科目，最烦。地方可是太美了，原来是九爷府，后来常荫槐买了送给杨宇霆的。王宫大院，真是太好了。每日煤就得烧八十多元。时代真不同了，现在女学生一切都奢侈，打扮真讲究，有几件皮大氅，着实耀眼。杨宗翰也在女大。我的功课多挤在星期三、四、五、六。这回更不能随便了。下半年希望能得基金讲座，那就好，教六个钟头，拿四五百元。余下工夫，有很可以写东西。目前怕只能做教匠。六阿姨他们昨天来此今天我去。（第二次）赫哥请在一亚一吃饭。六姨定三月南去。小瑞亦颇想同行，不知成否？昨日元宵，我一人在寓，看看月色，颇念着你。半空中常见火炮，满街孩子欢呼。本想带祖望他们去城南看焰火，因要看书未去。今日下午亦未出门。赵元任夫妇及任叔永夫妇来便饭。小三等放花甚起劲。一年一度，元宵节又过去了。我此来与上次完全不同，游玩等事一概不来。除了去厂甸二次，戏也未看，什么也没有做。你可以放心。但我真是天天盼望你来信，我如此忙，尚且平均至少两天一信。你在家能有多少要公，你不多写，我就要疑心你不念着我。娘好否？此信可给娘看看。我要做工了。如有信件一起寄来。

你的摩摩

128
129

　　　　元宵后一日 ［一九三一年三月四日］

致陆小曼　310307①

陆
小
曼

至爱妻曼：

　　到今天才得你第二封信，真是眼睛都盼穿了。我已发过六封信，平均隔日一封也不算少，况且我无日无时不念着你，你的媚影站在我当前，监督我每晚读书做工，我这两日常责备她何以为此躲懒，害我提心吊胆。自从虞裳说你腮肿，我曾梦见你腮肿得西瓜般大。你是错怪了亲爱的。至于我这次走，我不早说了又说，本是一件无可奈何事。我实在害怕我自己真要陷入各种痼疾，那岂不是太不成话，因而毅然北来，今日崇庆也函说：母亲因新年劳碌发病甚详，我心里何尝不是说不出的难过，但愿天保佑，春气转暖以后，她可以见好。你，我岂能舍得。但思量各方情形姑息因循，大家没有好处，果真到了无可自救的日子那又何苦？所以忍痛把你丢在家里，宁可出外过和尚生活。我来后情形，我函中都已说及，将来你可以问胡太太即可知道。我是怎样一个乖孩子，学校上课我也颇为认真，希望自励励人，重新再打出一条光明路来。这固然是为我自己，但又何尝不为你亲眉，你岂不懂得？至于梁家，我确是梦想不到有此一著；况且此次相见与上回不相同，半亦因为外有浮言，格外谨慎，相见不过三次，绝无愉快可言。如今徽音偕母挈子，远在香山，音信隔绝，至多等天好时与老金、奚若等去看她一次。（她

---

① 此信据香港商务本辑录。

每日只有两个钟头可见客）我不会伺候病，无此能干，亦无此心思：你是知道的，何必再来说笑我。我在此幸有工作，即偶尔感觉寂寞，一转眼也就过；所以不放心的只有一个老母，一个你。还有娘始终似乎不十分了解，也使我挂念。我的知心除了你更有谁？你来信说几句亲热话，我心里不提有多少安慰？已经南北隔离，你再要不高兴我如何受得？所以大家看远一些，忍耐一些，我的爱你，你最知道，岂容再说。I may not love you so passionately as before but I love all the more sincerely and truly for all those years. And may this brief separation bring about another gush of passionate love both sides so that each of us will be willing to sacifice for the sake of the other①
我上课颇感倦，总是缺少睡眠。明日星期，本可高卧，但北大学生又在早九时开欢迎会，又不能不去。现已一时过，所以不写了。今晚在丰泽园，有性仁、老邓等一大群。明晚再写。亲爱的，我热热的亲你。

[一九三一年]三月七日

---

① 或许我爱你不如以前那般热烈，但这些年来，我一直真诚地爱着你。也许这一次短暂的分离，能促使我们的爱情又一次迸发出热烈，我们都愿为对方作出牺牲。

致陆小曼　310316①

眉：

　　上沅过沪，来得及时必去看你。托带现洋一百元，蜜饯一罐；金太太笑我那罐子不好，我说：外貌虽丑，中心甚甜。学校钱至今未领分文，尚有轇葛（他们想赖我二月份的）。但别急，日内即由银行寄。另有一事别忘，蔡致和三月二十三日出阁，一定得买些东西送，我贴你十元。蔡寓贝勒路恒庆里四十二号（？），阿根知道，别误了期，不多写了。

摩

［一九三一年］三月十六日

陆小曼

---

① 此信据香港商务本辑录。

致陆小曼　310319①

爱眉亲亲：

　　今天星四，本是功课最忙的一天，从早起直到五时半才完。又有沙菲茶会，接着Swan请吃饭，回家已十一时半，真累。你的快信在案上；你心里不快，又兼身体不争气，我看信后，十分难受。我前天那信也说起老母，我未尝不知情理。但上海的环境我实在不能再受。再窝下去我一定毁；我毁，于别人亦无好处。于你更无光鲜。因此忍痛离开；母病妻弱，我岂无心？所望你能明白，能助我自救；同时你亦从此振拔，脱离痼疾；彼此回复健康活泼，相爱互助，真是海阔天空，何求不得？至于我母，她固然不愿我远离，但同时她亦知道上海生活于我无益，故闻我北行，绝不阻拦。我父亦同此态度；这更使我感念不置。你能明白我的苦衷，放我北来，不为浮言所惑；亦使我对你益加敬爱。但你来信总似不肯舍去南方。硖石是我的问题，你反正不回去。在上海与否，无甚关系。至于娘，我并不曾要你离开她。如果我北京有家，我当然要请她来同住。好在此地房舍宽敞，决不至如上海寓处的侷促。我想只要你肯来，娘为你我同居幸福，决无不愿同来之理。你的困难，由我看来，决不在尊长方面，而完全是在积习方面。积重难返，恋土重迁是真的。（说起报载法界已开始搜烟，那不是玩！万一闹出笑话来，如何是

---

① 此信据香港商务本辑录。

好？这真是仔细打点的时机了。）我对你的爱，只有你自己最知道。前三年你初沾上习的时候，我心里不知有几百个早晚，象有蟹在横爬，不提多么难受。但因你身体太坏，竟连话都不能说。我又是好面子，要做西式绅士的。所以至多只是时间短绷长一个脸，一切都郁在心里。如果不是我身体苗壮，我一定早得神经衰弱。我决意去外国时是我最难受的表示。但那时万一希冀是你能明白我的苦衷，提起勇气做人。我那时寄回的一百封信，确是心血的结晶，也是漫游的成绩。但在我归时，依然是照旧未改；并且招恋了不少浮言。我亦未尝不私自难受，但实因爱你过深，不惜处处顺你从着你。也怪我自己意志不强，不能在不良环境中挣出独立精神来。在这最近二年，多因循复因循，我可说是完全同化了。但这终究不是道理！因为我是我，不是洋场人物。于我固然有损，于你亦无是处。幸而还有几个朋友肯关切你我的健康和荣誉，为你我另辟生路。固然事实上似乎有不少不便，但只要你这次能信从你爱摩的话，就算是你牺牲，为我牺牲。就算你和一个地方要好，我想也不至于要好得连一天都分离不开。况且北京实在是好地方。你实在是过于执一不化，就算你这一次迁就，到北方来游玩一趟：不合意时尽可回去。难道这点面子都没有了吗？我们这对夫妻，说来也真是特别：一方面说，你我彼此相互的受苦与牺牲，不能说是不大。很少夫妇有我们这样的脚根。但另一方面说，既然如此相爱，何以又一再舍得相离？你是大方，固然不错。但事情总也有个常理。前几年，想起真可笑。我是个痴子，你素来知道的。你真的不知道我曾经怎样渴望和你两人并肩散一次步，或同出去吃一餐饭，或同看一次电影，也叫别人看了羡慕。但说也奇怪，我守了几年。竟然守不着一单个的机

陆小曼

会，你没有一天不是engage①的，我们从没有privacy②过。到最近，我已然部分麻木，也不想望那种世俗幸福。即如我行前，我过生日，你也不知道。我本想和你吃一餐饭，玩玩。临别前，又说了几次，想要实行至（少）一次的约会，但结果我还是脱然远走，一单次的约会都不得实现。你说可笑不？这些且不说他，目前的问题：第一还是你的身体。你说我在家，你的身体不易见好。现在我不在家了，不正是你加倍养息的机会？所以你爱我，第一就得咬紧牙根，养好身体；其次想法脱离习惯，再来开始我们美满的结婚幸福。我只要好好下去，做上三两年工，在社会上不怕没有地位，不怕没有高尚的名誉。虽则不敢担保有钱，但饱暖以及适度的舒服总可以有。你何至于遽尔悲观？要知道，我亲亲至爱的眉眉，我与你是一体的，情感思想是完全相通的；你那里一不愉快，我这里立即感到。心上一不舒适，如何还有勇气做事？要知道我在这里确有些做苦工的情形。为的无非是名气，为的是有荣誉的地位，为的是要得朋友们的敬爱，方便尤在你。我是本有颇高地位，用不着从平地筑起，江山不难取得，何不勇猛向前？现在我需要我缺少的只是你的帮助与根据于真爱的合作。眉眉！大好的机会为你我开着，再不可错过了。时候已不早（二时半），明日七时半即须起身。我写得手也成冰，脚也成冰。一颗心无非为你，聪明可爱的眉眉，你能不为我想想吗？

北大经过适之再三去说，已领得三百元。昨交兴业汇沪收帐。女大无望，须到下月十日左右再能领钱，我又豁边了，怎好？南京日内或有钱，如到，来函提及。

祝你安好，孩子！上沅想已到，一百元当已交到。陈图

① 有约。

② 私下生活。

南不日去申，要甚东西，速来函知。

你的摩摩

三月十九日星四

娘：

　　你好吗？我每天想起你，虽则不曾单独写信，但给小曼信想可见到。今晚本想正式写给娘一封，让娘也好架起老花眼镜看看信，但不想小曼的信一写写了老长。现在手酸神困，实在坐不住了。好在小曼的信，娘一样看。我身体好，只是想家，放心不下。敬叩

　　金安。

儿摩

［一九三一年］三月十九日同寄

陆
小
曼

致陆小曼　310322①

至爱眉：

　　前日发长函后，未曾得信。昨今两日特别忙，我说你听听：昨功课完后，三个地方茶会，又是外国人。你又要说顶不欢喜外国人，但北京有几个外国人确是并不讨厌，多少有学问，有趣味，所以你也不能一笔抹煞。你的洋人的印象多半是外交人员，但这不能代表的。昨晚又是我们二周聚餐同志的会期，先在丽琳处吃茶，后去玉华台吃饭，商量春假期内去逛长城十三陵或坛游寺。我最想去大觉寺看数十里的杏花。王叔鲁本说请我去，不知怎样。饭后又去白宫跳舞场，遇见赫哥及小瑞一家，我和丽琳跳了几次；她真不轻，我又穿上丝绵，累得一身大汗。有一舞女叫绿叶，颇轻盈，极红。我居然也占着了一次，化了一元钱。北京是一天热闹似一天，如果小张再来，一定更见兴隆，虽则不定是北京之福。今天星期，上午来不少客，燕京清华都来请讲演。新近有胡先骕者又在攻击新诗，他们都要我出来辩护，我已答应。大约月初去讲。这一开端，更得见忙，然亦无法躲避，尽力做去就是。下午与丽龙去中央公园看圆明园遗迹展览，遇见不少朋友。牡丹已渐透红芽，春光已露。四时回史家胡同性仁Rose来茶谈演戏事。性仁因孟和在南京病，明日南下。她如到上海，许去看你，又是一个专使。Rose这孩子

---

① 此信据香港商务本辑录。

真算是有她的；前天骑马闪了下来，伤了背腰。好！她不但不息，玩得更疯，当晚还去跳舞，连着三天照样忙可算是plucky①之极。方才到六点钟又有一个年轻洋人开车来接她。海不久回来，听说派了京绥路的事。R演说她的闺房趣事，有声有色，我颇喜欢她的天真。但丽琳不喜欢她，我总觉得人家心胸狭窄，你以为怎样？七时我们去清水吃东洋饭。又是Miss Richard和Miss Jones。②饭后去中和，是我点的戏，尚和玉的铁龙山，风卿文昭关，梅的头二本虹霓关。我们都在后台看得很高兴。头本戏不好，还不如孟丽君。慧生、艳琴、姜妙香，更其不堪。二本还不错，这是我到此后初次看戏。明晚小楼又有戏［上星期有落马湖、安天会］，但我不能去。眉眉，北京实在是比上海有意思得多，你何妨来玩玩。我到此不满一月，渐觉五官美通，内心舒泰；上海只是销蚀筋骨，一无好处。

　　我雕像有相片，你一定说不像，但要记得"他"没有带上眼镜。你可以给洵美小鹅看看。眉眉，我觉得离家已有十年，十分想念你。小蝶他们来时你同来不好吗？你不在，我总有些形单影只，怪不自然的。请你写信硖石问两件事：一丽琳那包衣料；二我要新茶叶。

你的丈夫摩

［一九三一年二月］二十二日

陆小曼

---

① 有勇气，有胆量。
② 理查德和琼斯小姐。

致陆小曼　310401①

贤妻如吻：

　　多谢你的工楷信，看过颇感爽气。小曼奋起，谁不低头。但愿今后天佑你，体健日增。先从绘画中发见自己本真，不朽事业，端在人为。你真能提起勇气、不懈怠，不间断的做去，不患不成名。但此时只顾培养功力，切不可容丝毫骄矜。以你聪明，正应取法上上，俾能于线条彩色间见真性情，非得人不知而不愠，未是君子。展览云云，非多年苦工以后谈不到。小曼聪明有余，毅力不足，此虽一般批评，但亦有实情。此后务须做到一毅字，拙夫不才，期相共勉。画快寄来，先睹为幸。此祝进步！

摩

[一九三一年] 四月一日

138
——
139

---

① 此信据香港商务本辑录。

致陆小曼　310409①

爱眉：

　　昨晚打电后，母亲又不甚舒服，亦稍气喘，不绝呻吟。我二时睡，天亮醒回。又闻呻吟，睡眠亦不甚好。今日似略有热度，昨日大解，又稍进烂面或有关系。我等早八时即全家出门去沈家浜上坟。先坐船出市不远，即上岸走。蒋姑母谷定表妹亦同行。正逢乡里大迎神会。天气又好，遍里垅，尽是人。附近各镇人家亦雇船来看，有桥处更见拥挤。会甚简陋，但乡人兴致极高，排场亦不小。田中一望尽绿，忽来千百张红白绸旗，迎风飘舞，蜿蜒进行，长十丈之龙。有七八彩矴，楼台亭阁，亦见十余。有翠香寄柬、天女散花、三戏牡丹、吕布貂蝉等彩扮。高跷亦见，他有三百六十行，彩扮至趣。最妙者为一大白牯牛，施施而行，神气十足。据云此公须尽白烧一坛，乃肯随行。此牛殊有古希风味，可惜未带照相器，否则大可留些印象。此时方回，明后日还有迎会。请问洵美有兴致来看乡下景致否，亦未易见到，借此来砅一次何似（如）。方才回镇，船靠岸时，我等俱已前行。父亲最后，因篙支不稳，仆倒船头，幸未落水。老人此后行动真应有人随侍矣。今晚父亲与幼仪、阿欢同去杭州。我一人留此伴母，可惜你行动不能自由，梵皇渡今亦有检查，否则同来侍病，岂不是好？洵美诗你已寄出否？明日想做些

----

① 此信据香港商务本辑录。

工，肩负过多，不容懒矣。你昨晚睡得好否？牙如何？至念！回头再通电，你自己保重！

摩

陆小曼《山水》立轴

致陆小曼　310427①

眉爱：

　　我昨夜痧气，今日浑身酸痛；胸口气塞，如有大石压住，四肢瘫软无力。方才得你信颇喜，及拆看，更增愁闷。你责备我，我相当的忍受。但你信上也有冤我的话，再加我这边的情形你也有所不知。我家欺你，即是欺我；这是事实。我不能护我的爱妻，且不能护我自己：我也懊懑得无话可说。再加不公道的来源，即是自家的父亲，我那晚挺撞了几句，他便到灵前去放声大哭。外厅上朋友都进来劝不住，好容易上了床，还是唉声叹气的不睡。我自从那晚起，脸上即显得极分明，人人看得出。除非人家叫我，才回话。连我爸爸也没有自动开过口。这在现在情势下，我又无人商量，电话上又说不分明，又是在热孝里，我为母亲关系，实在不能立即便有坚决表示，这你该原谅。至于我们这次的受欺压，（你真不知道大殓那天，我一整天的绞肠的难受。）我虽懦顺，不能就此罢休。但我却要你和我靠在一边，我们要争气，也得两人同心合力的来。我们非得出这口气，小发作是无谓的。别看我脾气好，到了僵的时候，我也可以僵到底的。并且现在母亲已不在。我这份家，我已经一无依恋。父亲爱幼仪，自有她去孝顺，再用不到我。这次拒绝你，便是间接离绝我，我们非得出这口气。所以第一你要明白，不可

① 此信据香港商务本辑录。

陆小曼

过分责怪我。自己保养身体，加倍用功。我们还有不少基本事情，得相互同心的商量，千不可过于懊恼，以致成病，千万千万！至于你说我通同他人来欺你，这话我要叫冤。上星六我回家，同行只有阿欢和惺堂。他们还是在北站上车的，我问阿欢，他娘在那里！他说在沧洲旅馆，硖石不去。那晚上母亲万分危险，我一到即蹲在床里，靠着她，直到第二天下午幼仪才来。（我后来知道是爸爸连去电话催来的。）我为你的事，从北方一回来，就对父亲说。母亲的话，我已对你说过。父亲的口气，十分坚决，竟表示你若来他即走。随后我说得也硬。他［那天去上海］又说，等他上海回来再说。所以我一到上海，心里十分难受，即请你出来说话，不想你倒真肯做人，竟肯去父亲处准备受冷肩膀。我那时心里十分感爱你的明大体。其实那晚如果见了面，也许可以讲通（父亲本是吃软不吃硬的）。不幸又未相逢。连着我的脚又坏得寸步难移，因而下一天出门的机会也就没有。等到星期六上午父亲从硖石来电话。说母亲又病重，要我带惺堂立即回去，我即问小曼同来怎样？他说"且缓，你先安慰她几句吧！"所以眉眉，你看，我的难才是难。以前我何尝不是夹在父母与妻子中间做难人。但我总想拉拢，感情要紧。有时在父母面上你不很用心，我也有些难过。但这一次你的心肠和态度是十分真纯而且坦白，这错我完全派在父亲一边。只是说来说去，碍于母丧，立时总不能发作。目前没有别的，只能再忍。我大约早到五月四日，迟至五月五日即到上海，那时你我连同娘一起商量一个办法，多可要出这一口气。同时你若能想到什么办法，最好先告知我，我们可以及早计算。我在此仅有机会向沈舅及许姨两处说过。好在到最后，一枝笔总在我手里。我倒要看父亲这样偏袒，能有什么好结果？谁能得什么好处？人的倔强性往往造成不必要的悲惨。

现在竟到我们头上了，真可叹！但无论如何，你得硬起心肠，先把此事放在一边，尤要不可过分责怪我。因为你我相爱，又同时受侮，若再你我间发生裂痕，那不真的中了他人之计了吗？

这点，聪明人仔细想想，不可过分感情作用，记好了。娘听了我，想也一定赞同我的意见的。我仍旧向你我唯一的爱妻希冀安慰。

汝摩

[一九三一年四月] 二十七日

陆小曼

陆小曼《仕女》立轴

致陆小曼　310514①

眉眉我爱：

你又犯老毛病了，不写信。现在北京上海间有飞机，信当天可到。我离家已一星期，你如何一字未来，你难道不知道我出门人无时不惦着家念着你吗？我这几日苦极了，忙是一件事，身体又不大好。一路来受了凉，就此咳嗽，出痰甚多。前两晚简直呛得不停，不能睡；胡家一家子都让我咳醒了。我吃很多梨，胡太太又做金银花、贝母等药给我吃，昨晚稍好些。今日天雨，忽然变凉。我出门时是大太阳，北大下课到奚若家中饭时，冻得直抖。恐怕今晚又不得安宁。我那封英文信好像寄航空的，到了没有？那一晚我有些疯头疯脑的，你可不许把信随手丢。我想到你那乱，我就没有勇气写好信给你。前三年我去欧美印度时，那九十多封信都到那里去了？那是我周游的唯一成绩，如今亦散失无存，你总得改良改良脾气才好。我的太太，否则将来竟许连老爷都会被你放丢了的。你难道我走了一点也不想我？现在弄到我和你在一起倒是例外，你一天就是吃，从起身到上床，到合眼，就是吃，也许你想芒果或是想外国白果倒要比想老爷更亲热更急。老爷是一只牛，他的唯一用处是做工赚钱，——也有些可怜：牛这两星期不但要上课还得补课，夜晚又不得睡！心里也不舒泰。天时再一坏，竟是一肚子的灰了！太太！你

---

① 此信据香港商务本辑录。

忍心字儿都不寄一个来？大概你们到杭州去了，恕我不能奉陪，希望天时好，但终得早起一些才赶得上阳光。北京花事极阑珊，明后天许陪歆海他们去明陵长城，但也许不去。娘身体可好？甚念！这回要等你来信再写了。

照片一包，已找到，在小箱。

摩

[一九三一年五月十四日] 星四①

陆小曼

_____

① 志摩于1931年5月初到达上海，后即赴京。其信后署星期四，查日历五月前半月的星期四即七日与十四日。而信中所言"离家已一星期"，故此信当作于十四日。商务本作"十二日"误。

致陆小曼　　310516①

爱妻：

　　昨天大群人出城去玩。歆海一双，奚若一双先到玉泉。泉水真好，水底的草叫人爱死，那样的翡翠才是无价之宝。还有的活的珍珠泉水。一颗颗从水底浮起，不由得看的人也觉得心泉里有灵珠浮起。次到香山，看访徽音，养了两月，得了三磅，脸倒叫阳光逼黑不少，充印度美人可不乔装。归途上大家讨论夫妻。人人说到你，你不觉得耳根红热吗？说我脾气太好了，害得你如此这般。我口里不说，心想我曼总有逞强的一天，他们是无家不冒烟。这一点我俩最占光，也不安烟囱，更不说烟，这回我要正式请你陪我到北京来，至少过半个夏。但不知你肯不肯赏脸？景任十分疼你，因此格外怪我，说我老爷怎的不做主。话说回来，我家烟虽不外冒，恰反向里咽，那不是更糟糕更缠牵？你这回西湖去，若再不带回一些成绩，我替你有些难乎为颜，奋发点儿吧，我的小甜娘！也是可怜我们，怎好不顺从一二？我方才看到一首劝孝，词意十分恳切，我看了，有些眼酸，因此抄一份给你，相期彼此共勉。

　　蒋家房子事，已向小蝶谈过否？何无回音？我们此后用钱更应仔细。庶青那里我有些愁，过节时怕又得淹蹇，相差不过一月，及早打点为是。

---

① 此信据香港商务本辑录。

娘一人守家多可怜，但我希望你游西湖心快活。身体强健。

你的摩

［一九三一年］五月十六日

陆小曼

陆小曼《贵妃出浴图》立轴

致陆小曼　31052×①

宝贝：

　　你自杭自沪来信均到，甚慰。我定星一（即二十五）下午离平，星三晚十时可到沪（或迟一班车到亦难说，叫阿根十时即去不误）。次日星四（二十八）一早七时或迟至九时车去硖石，因为即是老太爷寿辰。再隔两天，即是开吊，你得预备累乏几天。最好我到那晚，到即能睡，稍得憩息，也是好的。我这几天累得不成话，一切面谈！

　　请电话通知洵美，二十七晚我家有事交代，请别忘。

　　　　　　　　　　　　　　　　　　　　　　　　汝摩

　　　　　　　　　　　（一九三一年五月二十×日）②

---

① 此信据香港商务本辑录。
② 此信当作于1931年5月25日前几天。商务本定"二十五日"误。

致陆小曼　310528①

眉爱:

　　昨晚到家中，设有暖寿素筵。外客极少，高炳文却在老屋里。老小男女全来拜寿。新屋客有蒋姑母及诸弟妹，何玉哥、辰嫂、娟哥等。十一时起斋佛，伯父亦搀扶上楼（佛台设楼中间），颇热闹。我打了几圈牌，三时后上床。我睡东厢自己床，有罗纱帐。一睡觉竟对（应为"过"字）时，此时（四时），方始下楼。你回家须买些送人食品，不须贵重。行前（后天即阴历十四）先行电知。三时十五分车，我自会到站相候。侍儿带谁？此间一切当可舒服，余话用电时再说。

　　娘请安。

摩摩

［一九三一年五月二十九日］②

陆小曼

---

① 此信据香港商务本辑录。
② 从"后天即阴历十四"可考此信所署日期应为农历十二日、即公历5月28日。商务本所注"十三日"误。

陆小曼《翠峰冥色图》立轴

致陆小曼   310614[①]

我至爱的老婆：

先说几件事，再报告来平后行踪等情。第一、文伯怎么样了？我盼着你来信，他三弟想已见过。病情究有甚关系否？药店里有一种叫因陈，可煮当水喝，甚利于黄病。仲安确行。医治不少黄。他现在北平，伺候副帅。他回沪定为他调理如何？只是他是无家之人，吃中药极不便？梦绿家或我家能否代煎？盼即来信。

第二是钱的问题，我是焦急得睡不着。现在第一盼望节前发薪，但即节前有，寄到上海，定在节后。而二百六十元期转眼即到，家用开出支票，连两个月房钱亦在三百元以上，节还不算。我不知如何弥补得来？借钱又无处开口。我这里也有些书钱、车钱、赏钱，少不了一百元。真的踌躇极了。本想有外快来帮助，不幸目前无一事成功，一切飘在云中，如何是好？钱是真可恶，来时不易，去时太易。我自阳历三月起，自用不算，路费等等不算，单就付银行及你的家用，已有二千零五十元。节上如再寄四百五十元正合二千五百元，而到六月底还只有四个月，如连公债果能抵得四百元，那就有三千元光景，按五百元一月，应该尽有富余，但内中不幸又夹有债项。你上节的三百元，我这节的二百六十元，就去了五百六十元，结果拮据得手足维艰。此后又已

---

① 此信据香港商务本辑录。

与老家说绝，缓急无可通融。我想想，我们夫妻俩真是醒起才是！若再因循，真不是道理。再说我原许你家用及特用每月以五百元为度。我本意教书而外，有翻译方面二百可得，两样合起平均相近六百，总还易于维持。不想此半年各事颠倒，母亲去世，我奔波往返，如同风里篷帆，身不定，心亦不定。莎士比亚更如何译得？结果仅有学校方面五百多，而第一个月又被扣了一半。眉眉亲爱的，你想我在这情形下，张罗得苦不苦？同时你那里又似乎连五百都还不够用似的，那叫我怎么办？我想好好和你商量，想一长久办法，省得拔脚窝脚，老是不得干净。家用方面，一是（屋子），二是（车子），三是（厨房）：这三样都可以节省，照我想一切家用此后非节到每月四百，总是为难。眉眉，你如能真心帮助我，应得替我想法子，我反正如果有余钱，也决不自存。我靠薪水度日，当然梦想不到积钱，唯一希冀即是少债，债是一件degrading and humiliating thing①。眉，你得知道有时竟连最好朋友都会因此伤到感情的，我怕极了的。

　　写至此，上沅夫妇来打了岔，一岔真岔到下午六时。时间真是不够支配。你我是天成的一对，都是不懂得经济，尤其是时间经济。关于家务的节省，你得好好想一想，总得根本解决车屋厨房才是。我是星四午前到的，午后出门。第一看奚若，第二看丽凌叔华。叔华长胖了好些，说是个有孩子的母亲，可以相信了。孩子更胖。也好玩，不怕我，我抱她半天。我近来也颇爱孩子，有伶俐相的，我真爱。我们自家不知到那天有那福气，做爸妈抱孩子的福气。听其自然是不成的，我们都得想法，我不知你肯不肯。我想你如果肯为孩子牺牲一些，努力戒了烟，省得下来的是大烟里。那怕孩子

———————————

① 令人难堪和丢脸的东西。

长成到某种程度，你再吃。你想我们要有，也真是时候了。现在阿欢已完全与我不相干的了。至少我们女儿也得有一个，不是？这你也得想想。

星四下午又见杨今甫，听了不少关于俞珊的话。好一位小姐，差些一个大学都被她闹散了。梁实秋也有不少丑态，想起来还算咱们漏脸，至少不曾闹什么话柄。夫人！你的大度是最可佩服的。北京最大的是清华问题，闹得人人都头昏。奚若今天走，做代表到南京，他许去上海来看你，你得约洵美请他玩玩。他太太也闲着要离家独立谋生去。你可以问问他。

星五午刻，我和罗隆基同出城。先在燕京，叔华亦在，从文亦在。我们同去香山看徽音，她还是不见好，新近又发了十天烧，人颇疲乏。孩子倒极俊，可爱得很，眼珠是林家的，脸盘是梁家的。昨在女大，中午叔华请吃鲥鱼蜜酒，饭后谈了不少话，吃茶。有不少客来，有Rose，熊光着脚不穿袜子，海也不回来了，流浪在南方已有十个月，也不知怎么回事。她亦似乎满不在意，真怪昨晚与李大头在公园，又去市场看王泊生戏，唱逍遥津，大气磅礴，只是有气少韵。座不甚佳，亦因配角太乏之故。今晚唱探母，公主为一民国大学生，唱还对付，貌不佳。他想搭小翠花，如成，倒有希望叫座。此见下海亦不易。说起你们戏唱，现在我亦无所谓了。你高兴，只有俦伴合式，你想唱无妨，但得顾住身体。此地也有捧雪艳琴的。有人要请你做文章。昨天我不好受，头腹都不适。冰其林吃太多了。今天上午余家来，午刻在莎菲家，有叔华、冰心、今甫、性仁等，今晚上沅请客，应酬真厌人，但又不能不去。

说你的画，淑华说原卷太差，说你该看看好些的作品。老金、丽琳张大了眼，他们说孩子是真聪明，这样聪明是糟了可惜。他们总以为在上海是极糟。已往确是糟，你得争气，打出一条路来，一鸣惊人才是。老邓看了颇夸，他拿付裱，裱好他先给题，杏佛也答应题，你非得加倍用功小心，光娘的信到了，照办就是。请知照一声，虞裳一二五元送来否？也问一声告我。我要走了，得勤写信，乖！

你的摩

［一九三一年六月］十四日

徐志摩、陆小曼扇面作品

致陆小曼　310616①

眉爱：

　　昨天在Rose家见三伯母，她又骂我不搬你来；骂得词严义正，我简直无言答对！离家已一星期，你还无信，你忙些什么？文伯怎样了？此地朋友都极关切，如能行动，赶快北来，根本调理为是。奚若已到南京，或去上海看他。节前盼能得到薪水，一有即寄银行。

　　我家真算糊涂，我的衣服一共能有几件。此来两件单哔叽都不在箱内！天又热，我只有一件白大褂，此地做又无钱，还有那件羽纱，你说染了再做的，做了没有！

　　我要淘美（姜黄的）那样的做一件。还有那疋夏布做两件大褂，余下有多，做衫裤，都得赶快做。你自己老爷的衣服，劳驾得照管一下。我又无人可商量的。做好立即寄来等穿，你们想必又在忙唱，唱是也得到北京来的。昨晚我看几家小姐演戏，北京是演戏的地方，上海不行的，那有什么法子！

　　今晚在北海，有金甫、老邓、叔华、性仁。风光的美不可言喻。星光下的树你见过没有？还有夜莺；但此类话你是不要听的，我说也徒然。硖石有无消息，前天那飞信是否隔一天到？你身体如何？在念。

摩

［一九三一年］六月十六日

① 此信据香港商务本辑录。

致陆小曼　310625①

眉眉至爱：

　　第三函今晨送到。前信来后，颇愁你身体不好，怕又为唱戏累坏。本想去电阻止你的，但日子已过。今见信，知道你居然硬撑了过去，可喜之至！好不好是不成问题，不出别的花样已是万幸。这回你知道了吧？每天，贪吃杨梅荔枝，竟连嗓子都给吃扁了。一向擅长的戏也唱得不是味儿了。以后还不听听话？凡事总得有个节制，不可太任性。你年近三十究已不是孩子。此后更当谨细为是！目前你说你立志要学好一门画，再见从前朋友：这是你的傲气地方，我也懂得，而且同情。只是既然你专心而且诚意学画，那就非得取法乎上（不可），第一得眼界高而宽。上海地方气魄终究有限。瑞午老兄家的珍品恐怕靠不住的居多。我说了，他也许有气。这回带来的画，我也不曾打开看。此地叔存他们看见，都打哈哈！笑得我脸红。尤其他那别出心裁装潢，更教他们摇头。你临的那幅画也不见得高明。不过此次自然是我说明是为骗外国人的。也是我太托大。事实上，北京几个外国朋友看中国东西就够刁的。画当然全部带回。娘的东西如要全部收回，亦可请来信提及，当照办！他们看来，就只一个玉瓶，一两件瓷还可以，别的都无多希望，少麻烦也好，我是不敢再瞎起劲的了！

---

① 此信据香港商务本辑录。

陆小曼

陆小曼人物画作

再说到你学画，你实在应得到北京来才是正理。一个故宫就够你长年揣摹。眼界不高，腕下是不能有神的。凭你的聪明，决不是临摹就算完毕事。就说在上海，你也得想法去多看佳品。手固然要勤，脑子也得常转动，才能有趣味发生。说回来，你恋土重迁是真的。不过你一定要坚持的话，我当然也只能从你；但我既然决在北大做教授，上海现时的排场我实在担负不起。夏间一定得想法布置。你也得原谅我。我一人在此，亦未尝不无聊，只是无从诉说。人家都是团圆的了。叔华已到（得？）了通伯，徽音亦有了思成。别的人更不必说常年常日不分离的，就是你我，一南一北。你说是我甘愿离南，我只说是你不肯随我北来。结果大家都不得痛快。但要彼此迁就的话，我已在上海迁就了这多年，再下去实在太危险，所以不得不猛省。我是无法勉强你的；我要你来，你不肯来，我有甚么法想？明知勉强的事是不彻底的；所以看情形，恐怕只能各是其是。只是你不来，我全部收入，管上海家尚虑不足。自己一人在此，决无希望独立门户。胡家虽然待我极好，我不能不感到寄人篱下，我真也不知怎样想才好！

我月内决不能动身。说实话，来回票都卖了垫用。这一时借钱度日。我在托歆海替我设法飞回。不是我乐意冒险，实在是为省钱。况且欧亚航空是极稳妥的，你不必过虑。

说到衣服，真奇怪了。箱子是我随身带的。娘亲手理的满满的，到北京才打开。大褂只有两件：一件新的白羽纱；一件旧的厚蓝哔叽。人和那件方格和拆夹做单的那件条子都不在箱内，不在上海家里在那里？准是荷贞糊涂，又不知乱塞到那里去了！

如果牯岭已有房子，那我们准定去。你那里着手准备，我一回上海就去。只是钱又怎么办？说起你那公债到底押得多少？何以始终不提？

你要东西，吃的用的，都得一一告知我，否则我怕我是笨得于此道一无主意！

你的画已经裱好，很神气的一大卷。方才在公园，王梦白、杨仲子诸法家见我挟着卷子，问是什么精品？我先请老乡题，此外你要谁题，可点品，适之要否？

我这人大约一生就为朋友忙！来此两星期，说也惭愧，除了考试改卷算是天大正事，此外都是朋友，永远是朋友。杨振声忙了我不少时间，叔华、从文又忙了我不少时间，通伯、思成又是，蔡先生、钱昌照（次长）来，又得忙配享，还有洋鬼子！说起我此来，舞不曾跳，窑子倒去过一次，是老邓硬拉去的。再不去了，你放心！

杏子好吃，昨天自己爬树，采了吃，树头鲜，才叫美！

你务必早些睡！我回来时再不想熬天亮！我今晚特别想你，孩子，你得保重才是。

你的亲摩

［一九三一年］六月二十五日

陆小曼

陆小曼致徐志摩　31062×①

摩：

　　顷接信，袍子是娘亲手放在箱中在最上面，想是又被人偷去了。家中是都已寻到，一样也没有，你也须察一下问一问才是。不要只说家中人乱，须知你比谁都乱呢。现在家中也没有甚么衣服了。你东放两件，西存两件，你还是自己记不清，不要到时来怪旁人。我是自幼不会理家中，家里也一向没有干净过。可是，到也不见得怎样住不惯。像我这样的太太要能同胡太太那样能料理老爷是空（恐）怕有些难吧，天下实在狠（很）难有完善的事呢。

160
——
161

　　玉器少带两件也好，你看着办吧。

　　现在我有一事求你，龙龙（我的大侄儿）今夏在大同中学毕业了，实因家贫再没有能进大学的力量了，可是孩子自己十分的好学，上海大学是跟上不起，北京一年也须三四百元，可否能请你在北京无论那处报馆或是其他晚间作功（应"工"字）的地方给他寻寻小事，（三四十元）让他日读夜功（应"工"）以成其志，不知此事能办否，请速进行，早复回音为盼。

　　既无钱回家何必拼命呢，飞机还是不坐为好，北京人事朋友多，玩处多，当然爱住。上海房子小又乱，地方又下

---

① 此信据《胡适遗稿及秘藏书信》影印本辑录。

流，人又不可取，还有何可留恋呢！来去请便吧！浊地本不
留雅士。夫复何言。此请暑安

曼

［一九三一年六月下旬］①

陆小曼《仕女图》立轴

---

①　原信不署日期。此信内容与徐志摩1931年6月16日致陆小曼信的内容相
连，故此信当作对于徐信的回复。

致陆小曼　310704^①

爱眉：

　　你昨天的信更见你的气愤，结果你也把我气病了。我愁得如同见鬼，昨晚整宵不得睡。乖！你再不能和我生气，我近几日来已为家事气得肝火常旺，一来就心烦意躁，这是我素来没有的现象。在这大热天，处境已然不顺，彼此再要生气，气成了病，那有什么趣味？去年夏天我病了有三星期，今年再不能病了。你第一不可生气，你是更气不动。我的愁大半是为你在愁，只要你说一句达观话，说不生我气，我心里就可舒服。

　　乖！至少让我们俩心平意和的过日子，老话说得好，逆来要顺受。我们今年运道似乎格外不佳。我们更当谨慎，别带坏了感情和身体。我先几信也无非说几句牢骚话，你又何必认真，我历年来还不是处处依顺着你的。我也只求你身体好，那是最要紧的。其次，你能安心做些工作。现在好在你已在画一门寻得门径，我何尝不愿你竿头日进。你能成名，不论那一项都是我的荣耀。即如此次我带了你的卷子到处给人看，有人夸，我心里就喜，还不是吗？一切等我到上海再定夺。天无绝人之路，我也这么想，我计算到上海怕得要七月十三四，因为亚东等我一篇醒世姻缘的序，有一百元酬报，我也已答应，不能不赶成，还有另一篇文章也得这几天

---

① 此信据香港商务本辑录。

内赶好。

文伯事我有一函怪你，也错怪了。慰慈去传了话，吓得文伯长篇累牍的来说你对他一番好意的感激话。适之请他来住。我现在住的西楼。

老金他们七月二十离北平，他们极抱憾，行前不能见你。小叶婚事才过，陈雪屏后天又要结婚，我又得相当帮忙。上函问向少蝶帮借五百成否？

竟处如何？至念。我要你这样来电，好叫我安心（北平电报挂号）。"董胡摩慰即回眉"七个字，化大洋七毛耳。祝你好。

摩亲吻

［一九三一年七月］四日

陆小曼

致陆小曼　310708^①

爱妻小眉：

真糟，你化了三角一分的飞快，走了整六天才到。想是航空铁轨全叫大水冲昏了，别的倒不管，只是苦了我这几天候信的着急！

我昨函已详说一切，我真的恨不得今天此时已到你的怀抱——说起咱们久别见面，也该有相当表示，你老是那坐着躺着不起身，我枉然每回想张开胳膊来抱你亲你，一进家门，总是扫兴。我这次回来，咱们来个洋腔，抱抱亲亲何如？这本是人情，你别老是说那是湘眉一种人才做得出，就算给我一点满足，我先给你商量成不成？我到家时刻，你可以知道，我既不想你到站接我，至少我亦人情的希望，在你容颜表情上看得出对我一种相当的热意。

更好是屋子里没有别人，彼此不致感受拘束。况且你又何尝是没有表情的人？你不记得我们的"翡冷翠的一夜"有松树七号墙角里亲别的时候？我就不懂何以做了夫妻，形迹反而得往疏里去！那是一个错误。我有相当情感的精力，你不全盘承受，难道叫我用凉水自浇身？我钱还不曾领到，我能如愿的话，可以带回近八百元，垫银行空尚勉强，本月用费仍悬空，怎好？

我遵命不飞，已定十二快车，十四晚可到上海。记好

① 此信据香港商务本辑录。

了！连日大雨，全城变湖，大门都山不去。明日如晴，先一电安慰你。乖！我只要你自珍自爱，我希望到家见到你一些欢容，那别的困难就不难解决。请即电知文伯、慰慈，盼能见到！娘好否？至念！

你的鞋花已买，水果怕不成。我在狠命写醒世姻缘序，但笔是秃定的了，怎样好？

诗到做了几首，北大招考，尚得帮忙。

老金、丽琳想你送画，他们二十走，即寄尚可及。

杨家翰（字伯屏）也求你画扇。

你的亲摩

［一九三一年］七月八日

陆小曼

致陆小曼　311001①

宝贝：

　　一转眼又是三天。西林今日到沪，他说一到即去我家。水果恐已不成模样，但也是一点意思。文伯去时你有石榴吃了。他在想带些什么别致东西给你。你如想什么，快来信，尚来得及。你说要给适之写信，他今日已南下，日内可到沪。他说一定去看你。你得客气些，老朋友总是老朋友，感情总是值得保存的。你说对不？小（少）蝶处五百两，再不可少，否则更殭。原来他信上也说两，好在他不在这"两""元"的区别，而于我们却有分寸：可老实对他说，但我盼望这信到时，他已为我付银行。请你写个条子叫老何持去兴业（静安寺路）银行，向锡璜，问他我们帐上欠多少？你再告诉我，已开出节帐，到那天为止，共多少？连同本月的房钱一共若干？还有少蝶那笔钱也得算上，如此家用到十月底尚须归清多少，我很有个数。帐再来设法弥补。你知道我一连三月，共须扣去三百元。大雨那里共三百元，现在也是无期搁浅。真是不了。你爱我，在这窘迫时能替我省，我真感谢。我但求立得直，以后即要借钱也没有路了，千万小心。我这几天上课应酬颇忙。我来说给你听：星一晚上有四个饭局之多。南城、北城、东城都有，奔煞人。星二徽音山上下来，同吃中饭，她已经胖到九十八磅。你说要

---

① 此信据香港商务本辑录。

不要静养，我说你也得到山上去静养，才能真的走上健康的路。上海是没办法的。我看样子，徽音又快有宝宝了。

　　星二晚，适之家饯西林行，我冻病了。昨天又是一早上课。饭后王叔鲁约去看房子，在什么方院。我和慰慈同去。房子倒是全地板，又有澡间；但院子太小，恐不适宜，我们想不要。并且你若一时不来，我这里另开门户，更增费用，也不是道理。关了房子去协和，看奚若。他的脚病发作了，不能动，又得住院两星期，可怜！晚上，□□等在春华楼为适之饯行，请了三四个姑娘来，饭后被拉到胡同。对不住，好太太！我本想不去，但□□说有他不妨事，□□病后性欲大强，他在老相好鹣鹣外又和一个红弟老七生了关系。昨晚见了，肉感颇富。她和老三是一个班子，两雌争□□醋气勃勃，甚为好看。今天又是一早上课，下午睡了一响。五点送适之走。与杨亮功、慰慈去正阳楼吃蟹，吃烤羊肉。八时又去德国府吃饭。不想洋鬼子也会逛胡同，他们都说中国姑娘好。乖，你放心！我决不沾花惹草，女人我也见得多，谁也没有我的爱妻好。这叫做曾经沧海难为水，除却巫山不是云。我每天每夜都想你。一晚我做梦，飞机回家，一直飞进你的房，一直飞上你的床，小鸟儿就进了窠也，美极！可惜是梦。想想我们少年夫妻分离两地，实在是不对。但上海决不是我们住的地方。我始终希望你能搬来共同享些闲福。北京真是太美了，你何必沾恋上海呢？大雨的事弄得极糟。他到后，师大无薪可发，他就发脾气，不上课，退还聘书。他可不知道这并非亏待他一人，除了北大基金教授每月领薪，此外人人都得耐心等。今天我劝了他半天，他才答应去上一星期的课；因为他如其完全不上课，那他最初领的二百元都得还，那不是更糟。他现在欧美同学会，你来个信劝劝他，好不好？中国那比得外国，万事都得将就一些。你说是

陆小曼

陆小曼《献荔图》立轴

不是？奚若太太一件衣料，你得补来，托适之带，不要忘记
了。她在盼望的。再有上月水电，我确是开了。老何上来，
从笔筒下拿去了；我走的那天或是上一天，怎说没有。老太
爷有回信没有？我明天去燕京看君劢。我要睡了。乖乖！

　　我亲吻你的香肌。

你的"愚夫"摩摩

[一九三一年]十月一日

致陆小曼　311010①

爱眉亲亲:

你果然不来信了！好厉害的孩子，这叫做言出法随，一无通融！我拿信给文伯看了，他哈哈大笑；他说他见你，自有话说。我只托他带一匣信笺，水果不能带，因为他在天津还要住五天，南京还要耽搁。葡萄是搁不了三天的。石榴，我关照了义茂，但到现在还没有你能吃的来。糊重的东西要带，就得带真好的。乖！你候着吧，今年总叫你吃着就是。前晚，我和袁守和、温源宁在北平图书馆大请客；我说给你听听，活象耍猴儿戏，主客是Laloy和Elie Faurc两个法国人，陪客有Reclus Monastière小叶夫妇、思成、玉海、守和、源宁夫妇，周名洗七小姐、蒯叔平女教授、大雨（见了Rose就张大嘴）！陈任先、梅兰芳、程艳秋一大群人。Monastiere还叫照了相，后天寄给你看。我因为做主人，又多喝了几杯酒。你听了或许可要骂，这日子还要吃喝作乐。但既在此，自有一种social duty，人家未（来）请你加入，当然不便推辞，你说是不？

Elie Faure老头不久到上海；询美请客时，或许也要找到你。俞珊忽然来信了，她说到上海去看你。但怕你忘记了她，我真不知道她到底是怎么回事，希望你见面时能问她一个明白。她原信附去你看。说起我有一晚闹一个笑话，我说给你听过没有？在两兴安街我见一个车上人，活象俞珊。车已拉

陆
小
曼

---

① 此信据香港商务本辑录。

过颇远，我叫了一声，那车停了；等到拉拢一看，那是什么
俞珊，却是曾语儿。你说我这近视眼多可乐！我连日早睡多
睡，眼已见好，勿念。我在家尚有一副眼镜，请适之带我为
要。娘好吗？三伯母问候她。

摩吻

[一九三一年] 十月十日

致陆小曼　311022①

　　昨下午去丽琳处，晤奚若、小叶、端升，同去公园看牡
丹。风虽暴，尚有可观者。七时上车站，接歆海、湘玫。饭
后又去公园花畦有五色琉璃灯，倍增浓艳。芍药尚未开放，
然已苞绽盈盈，娇红欲吐。春明花事，真大观也。十时去北
京饭店，无意中遇到一人。你道是谁？原来俞珊是也。病后
大肥，肩膀奇阔，有如拳师，脖子在有无之间。因彼有伴，
未及交谈，今日亦未通问，人是会变的。昨晚咳呛，不能安
睡，甚苦。今晨迟起。下午偕歆湘去三殿，看字画；满目琳
琅。下午又在丽琳处茶叙，又东兴楼饭。十一时回寓，又与
适之谈。作此函，已及一时，要睡矣，明日再谈。昨函诸事
弗忘。

摩

［一九三一年十月二十二日］

陆小曼

---

① 此信据香港商务本辑录。

致陆小曼　311022①

爱眉：

　　我心已被说动，恨不得此刻已在家中！

　　但手头无钱，要走可得负债。如其再来一次偷鸡蚀米，简直不了。所以我再得问你，我回去是否确有把握？果然，请来电如下：

　　"董北平徐志摩，事成速回"

　　我就立刻走，日期迟至下星期四［二十九］不妨，最好。否则我星六［二十四］即后日下午五时车走亦可。但来电须得信即发，否则要迟到星四矣。

摩

　　　　　　　　　　［一九三一年］十月二十二日

---

① 此信据香港商务本辑录。

致陆小曼　311023①

　　今天正发出电报，等候回电，预备走，不想回电未来，百里却来了一信。事情倒是缠成个什么样子？

　　是谁在说竞武肯出四万买，那位"赵"先生肯出四万二的又是谁？看情形，百里分明听了日本太太及旁人的传话，竟有反悔成交的意思。那不是开玩笑了吗？为今之计，第一先得竞武说明，并无四万等价格。事实上如果他转买"卖"出三万二以上，也只能算作佣金，或利息性质，并非少蝶一过手（？）即有偌大利益。百里信上要去打听市面，那倒无妨。我想市面决不会高到那里去。但这样一岔，这椿生意经究竟着落何处，还未得知。我目前贸然回去，恐无结果；徒劳旅费，不是道理。

　　我想百里既说要去打听振飞，何妨请少蝶去见振飞，将经过情形说个明白，振飞的话，百里当然相信。并且我想事实上百里以三万二千元出卖，决不吃亏。他问明市价，或可仍按原议进行手续，那是最好的事；否则就有些头绪纷繁了。

　　至于我回去问题，我哪天都可以走，我也极想回去看看你。但问题在这笔旅费怎样报销，谁替我会钞，我是穷得寸步难移；再要开窟窿，简直不了。你是知道的（大雨搁浅三

---

① 此信据香港商务本辑录。

陆小曼作品《杨柳楼台》

百渺渺无期）。所以只要生意确有希望，钱不愁落空，那我何乐不愿意回家一次。但星六如不走，那就得星四（十月二十九）再走（功课关系）你立即来信，我候着！

摩摩

星五［一九三一年十日二十三日］

致陆小曼　311029^①

至爱妻眉：

今天是九月十九，你二十八年前出世的日子。我不在家中，不能与你对饮一杯蜜酒，为你庆祝安康。这几日秋风凄冷，秋月光明，更使游子思念家庭。又因为归思已动，更觉百无聊赖，独自惆怅。遥想闺中，当亦同此情景。今天洵美等来否？也许他们不知道，还是每天似的，只有瑞午一人陪着你吞吐烟霞。

眉爱，你知我是怎样的想念你！你信上什么"恐怕成病"的话，说得闪铄，使我不安。终究你这一月来身体有否见佳？如果我在家你不得休养，我出外你仍不得休养，那不是难了吗？前天和奚若谈起生活，为之相对生愁。但他与我同意，现在只有再试试，你从我来北平住一时，看是如何。你的身体当然宜北不宜南！

爱，你何以如此固执，忍心与我分离两地？上半年来去频频，又遭大故，倒还不觉得如何。这次可不同，如果我现在不回，到年假尚有两个多月。虽然光阴易逝，但我们恩爱夫妇，是否有此分离的必要？眉，你到哪天才肯听从我的主张？我一人在此，处处觉得不合式；你又不肯来，我又为责任所羁；这真是难死人也！

百里那里，我未回信，因为等少蝶来信，再作计较，竟

① 此信据香港商务本辑录。

武如果虚张声势，结果反使我们原有交易不得著落，他们两造，都无所谓；我这千载难逢的一次外快又遭打击，这我可不能甘休！竞武现在何处你得把这情形老实告诉他才是。

你送兴业五百元是那一天？请即告我。因为我二十以前共送六百元付帐，银行二十三来信，尚欠四百元，连本月房租共欠五百有余。如果你那五百元是在二十三以后，那便还好，否则我又该着急得不了了！请速告我。

车怎样了？绝对不能再养的了！

大雨家贝当路那块地立即要出卖，他要我们给他想法。他想要五万两，此事瑞午有去路否？请立即回信。如瑞午无甚把握，我即另函别人设法。事成我要二厘五的一半。如有人要，最高出价多少立即来信，卖否由大雨决定。

明日我叫图南汇给你二百元家用（十一月份），但千万不可到手就宽，我们的穷运还没有到底；自己再不小心，更不堪设想。我如有不花钱飞机坐，立即回去，不管生意成否，我真是想你，想极了！

176
———
177

摩吻

［一九三一年］十月二十九日

致陆小曼　311109①

眉爱：

　　这可真急死我了，我不说托汤尔和给设法坐小张的福特机吗？好容易五号的晚上，尔和来信说：七号顾少川走，可以附乘。我得意极了。东西我知道是不能多带的我就单买了十几个沙营，胡沈的一大篓子，专为孝敬你的。谁知六号晚上来电说：七号不走，改八号；八号又不走，改九号；明天（十号）本来去了，凭空天津一响炮小顾又不能走。方才尔和通电：竟连后天走得成否都不说了。你说我该多么着急？我本想学一个飞将军从天而降，给你一个意外的惊喜，所以不曾写信。同时你的信来，说又病的话，我看愣了简直的。咳！我真不知怎么说，怎么想才是。乖！你也太不小心了，如果真是小产，这盘帐怎么算？我为此呆了这两天，又急於你的身体，满想一脚跨到。飞机六小时即可到南京，要快当晚十一点即可到沪，又不化本；那是多痛决的事！谁想又被小鬼的炮声给耽误了，真可恨！

　　你想，否则即使今天起，我此时也已经到家了。孩子！现在只好等着，他不走，我更无法，如何是好？但也许说不定他后天走，那我也许和这信同时到也难说，反正我日内总得回，你耐心候着吧，孩子！

　　请告瑞午，大雨的地是本年二月押给营业公司一万二千

---

① 此信据香港商务本摘录。

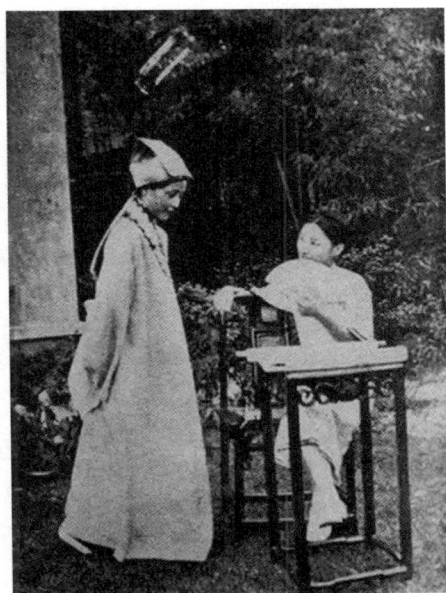

唐瑛与陆小曼对戏

两。他急于要出脱，务请赶早进行。他要俄国羊皮帽，那是天津盛锡福的，北京没有。我不去天津，且同样货有否不必［应为"此"字］，有的贵到一二百元的，我暂时没有法子买。天津还不知闹得怎样了。北京今天谣言蜂起，吓得死人。我也许迁去叔华家住几天；因她家无男子，仅她与老母幼子；她又胆小。但我看北京不知出什么大乱子，你不必为我担忧。我此行专为看你：生意能成固好，否则我也顾不得。且走颇不易，因北大同人都相约表示精神，故即成行亦须於三五日内赶回，恐你失望，故先说及。

文伯信多谢。我因不知他地址，他亦未来信，以致失候，负罪之至。但非敢疏慢也。临走时趣话早已过去忘却，但传闻麻兄演成妙语，真可谓点金妙手。麻兄毕竟可爱！一笑。但我实在着急你的身体，这样下去怎么得了，我真恨口本人，否则今晚即可欢然聚话矣。相见不远，诸自珍重！

摩摩吻上

［一九三一年］十一月九日①

① 原信不署年、月。考1931年11月8日，日本侵略者在天津挑起事端，向华界发炮，史称"天津事件"，与信中"谁想又被小鬼的炮声给耽误了………"合，故此信当作于此时。

陆小曼致徐志摩　311111①

爱夫：

　　秋雨连绵，闺中人平添不少惘怅，国事又如斯，南北相隔数日未得音问，真闷死矣。虽然吾夫客中相慰有人，然车若中断，交通不便，又须多待归期，何如，何如！

　　近日不知何故心神不快之至，终日无事可博我一笑。前数日因近代名人展览约我出画，故连画三张，彼等不问竟将我名列入现代名人之中，彼等作品皆数年苦功得来，我是初出茅庐之人，真令我羞杀矣。又加一月来破月经事，始我每日精神疲乏，提笔即头痛眼酸，故甚少习练，今日才觉人生健康为最要紧之事矣。惜我连年多病，至今尚不能见天日，每念及我运途之不幸，令我恨不能速寻归路。

　　昨日去一品香访吴，彼因家中病人故避了旅舍，长谈三小时，回来已夜深，故未修书，虞裳可恶，屡次去催不见送钱来，你名下不知尚有多少。我这月中用钱又甚多，看病，药印〔应"引"字〕数日无，又因过节时多用了二百金，今不能补，尚有志七款虽未付去，然彼因无钱买衣，小鹅等又不能付，故在我处取去五十元，若长此穷困，不知如何是好！百里处家如何？你可早回否？

　　天津出事②北京不妨否？令我急杀，你不早来。近日甚少

---

① 此信抄自中国社科院《胡适档案》中原件。
② 指一九三一年十一月八日，日军在天津唆使便衣队武装暴乱事。

接家书，想必是侍候她人格忙了，故盼行动少自尊重，匆叫人取笑为是。

　　如果多写家书则幸甚，车如何？最少也须一百〇七两一修，盼即覆，好动工。回来时好坐，无车甚感不便。明日而口。

［一九三一年］十一月十一日

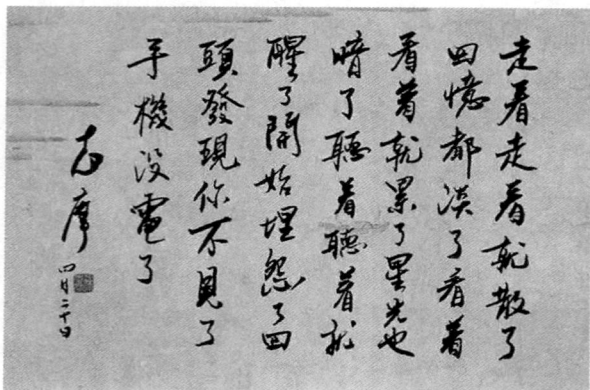

徐志摩手迹

陆小曼

陆小曼致徐志摩 31111×①

摩：

你来不来，今天还不见来电，我看事情是非你回来不成，你不是为钱，多坐回火车吧。况且这种钱［原文有"赚得"二字，被涂去。］不伤风趣［似应为"气"字］的，少蝶不也是如此起家的，摩，你不要乱想吧，大雨信转交我到现在才覆，也许此信不还你了。

小曼

［一九三一年十一月十×日］②

---

① 此信摘自中国社科院《胡适遗稿及秘藏书信集》影印本。
② 此信为徐、陆目前发现的最后一次通信。

凌叔华

我一辈子只是想
找一个理想的「通信员」，
我曾经写过日记，
任性的滥泛着情感。
但每次都不能持久。

致凌叔华①　×××××

叔华：

我又忍不住要写信给你了。这时候，我单身在西湖楼外楼，风还是斜，雨还是细。我这愁人的心曲，也就不言而喻了。堂倌倒颇知趣，菜也要得，台上有鱼有虾，有火腿。半通远年②已经落肚，四肢微微生暖。想起适之，彭春，与你，就只你们三位可以领略这风雨中的幽趣，可以不辞醉的对案（？）痛饮，可以谈人生的静，——此外都不成了。

---

① 此信摘自中国社会科学院近代史研究所图书馆。
② 此为绍酒一种。

致凌叔华　24××××

准有好几天不和你神谈了，我那拉拉扯扯半疯半梦半夜里枭笔头的话，清醒时自己想起来都有点害臊，我真怕厌烦了你，同时又私冀你不至十分的厌烦。x，告诉我，究竟厌烦了没有？平常人听了疯话是要"半掩耳朵半关门"的，但我相信倒是疯话里有"性情之真"，日常的话都是穿上袍褂戴上大帽的话，以为是否？但碰巧世上最不能容许的是真——真话是命定淹死在喉管里的，真情是命定闷死在骨髓里的——所以"率真"变成了最不合时宜的一样东西。谁都不愿不入时，谁都不愿意留着小辫子让人笑话。结果真与疯变成了异名同义的字！谁要有胆不怕人骂疯才能掏出他的真来，谁要能听着疯话不变色不翻脸才有大量来容受真。得，您这段罗哆已经够疯。不错，所以顺着前提下来，这罗哆里便有真，有多少咬不准就是！

……不瞒你说，近来我的感情脆弱的不成话：如其秋风秋色引起我的悲伤。秋雨简直逼我哭。我真怕。昨夜你们走后，我拉了巽甫老老到我家来，谈了一回。老老倦得老眼都睁不开，不久他们也走了。那时雨已是很大。好了，朋友全走了，就剩了我，一间屋子，无数的书。我坐了下来，心像是一块磨光的砖头；没有一点花纹，重滋滋的，我的一双手也不知怎的抱住了头。手指擒着发，伏在桌上发呆，好一阵子，又坐直了，没精打采的，翻开手边一册书来不用心的看，含糊的念，足足念一点多钟。还是乏味，随手写了一封信给朋友，灰色得厉害，还是一块磨光的砖头，可没有睡意，又发了一阵呆，手又抱着了头，……哦！烟土披里纯来了，不多，一点儿，抽一根烟再说。眼望着螺旋形往上枭的烟，……什么，一个旷野，

凌叔华

黑夜……一个坟——接着来了香满园的白汤鲫鱼……吭，那可不对劲……鱼，是的，捞鱼的网……流水……时光……捞不着就该……有了，有了，下笔写吧——

问谁？阿，这光阴的嘲弄
问谁去声诉，
在这冻沉沉的星夜，凄风
吹着它的新墓？

"看守，你须耐心的看守
这活泼的流溪，
莫错过，在这清波里优游，
青脐与红鳍！"

这无声的私语在我的耳边
似曾幽幽的吹嘘——
像秋雾里的远山，半化烟
在晓风里卷舒。

因此我紧揽着我灵魂的绳网，
像一个守夜的渔翁，
兢兢的，注视着那无尽流的时光；
私冀有彩鳞掀涌。

如今只余这破烂的鱼网——
嘲讽我的希冀，

我喘息的怅望着不返的时光；
泪依依的憔悴！

又何况在这黑夜里徘徊：
黑夜似的痛楚：
一个星芒下的黑影凄迷——

留连着一个新墓！

问谁？……我不敢怆呼，怕惊扰
这墓底的清淳；
我俯身，我伸手向着它搂抱——
呵，这半潮湿的新墓！

这惨人的旷野无有边沿，
远处有村火星星，
丛林里有鸱鸮在悍辨——
坟边有伤心只影。

这黑夜，深沉的环包着大地，
笼罩着你与我——
你，静凄凄的安眠在墓底；
我，在迷醉里摩挲！

正愿天光不从东方
按时的泛滥，
让我永久依偎着这墓旁——
在沉寂里消幻！

但青曦已在那天边吐露，
苏醒的林鸟，
已在远近间相应的喧呼——
又是一度清晓。

不久，这严冬过去，东风
又来催促青条；
便妆缀这冷落的墓墟丛，
亦不无花草飘飖。

但我爱。如今你永远封禁

凌叔华

在这无情的墓下，

我更不盼天光，更无有春信——

我的是无边的黑夜！

完了，昨夜三时后才睡，你说这疯劲够不够？这诗我初做成时，似乎很得意，但现在抄眷一过，换了几处字句，又不满意。你以为怎样，只当他一首诗看，不要认他的什么Personal（私人）的背景，本来就不定有。真怪，我的想象总脱不了两样货色，一是梦，一是坟墓，似乎不大健康，更不是吉利。我这常在黑地里构造意境，其实是太晦色了，X你有的是阳光似的笑容与思想，你来救度救度满脸涂着黑炭的顽皮XX吧！

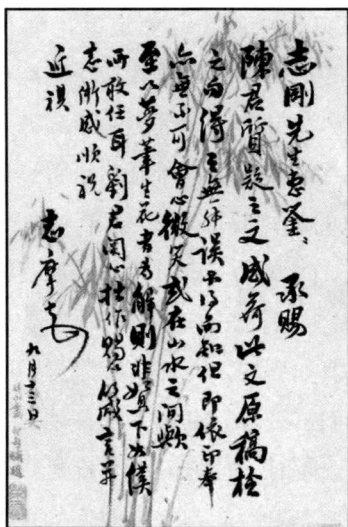

徐志摩手迹

----

① 原信不署年、月、日，亦略去收信姓名。1935年5月24日《武汉日报》副刊《现代文艺》第15期上，此信从《志摩遗札之一》为题发表。1983年第1期《新文学史料》上凌叔华发表致陈从周的信《读徐志摩遗文》，承认此信连同以下5信都是写给她本人的。据顾永棣先生所编《徐志摩诗全集》考证，估计写于1924年。

190
191

致凌叔华①　　×　×　×　×　×　×

　　我准是让西山的月色染伤了。这两天我的心像是一块石头，硬的，不透明的，累赘的；又像是岩窟里的一泓止水，不透光，不波动的，沉默的。前两天在郊外见着的景色。尽有动人的——比如灵光寺的墓园，静肃的微馨（柏）的空气里，峙立着那几座石亭与墓碑，院内满是秋爽的树荫，院外亦满是树荫的秋爽。这墓园的静定里，别有一种悲凉的况味，听不着村舍的鸡犬声，听不着宿鸟的幽呼声，有的只是风声，你凝神时辨认得出他那手指挑弄着的是哪一条弦索。这紧峭的是栗树声，那扬沙似潇洒的是菩提树音，那群鸦翻树似海潮登岩似的大声是白杨的狂啸。更有那致密的细渡啮沙碛似的是柏子的漏响——同时在这群音骈响中无边的落叶，黄的，棕色的，深红的，黯青的，肥如掌的，卷似发的，细如豆的，狭如眉的，一齐乘着无形中吹息的秋风，冷冷斜飘下地，他们重绒似的铺在半枯草地上，远看着象是一扁仰食的春蚕；近睇时，他们的身上都是密布着针绣似的、虫牙的细孔。他们在夏秋间布施了他们的精力，如今静静的偃卧在这人迹稀有的墓园里，有时风息从树枝里下漏。他们还不免在他们"墓床"上微微的颤震，像是微笑。像是梦翆，像是战场上僵卧的英雄又被远来的鼓角声惊扰！那是秋。那是真宁静，那是季候转变——自然的与人生的——的幽

凌叔华

---

① 据香港商务本《徐志摩全集》本摘录。

妙消息。XX，我想你最能体会得那半染颜色，却亦半褪颜色的情调与滋味。

　　我当时也分不清心头的思感，只觉得一种异样甜美的清静，像风雨过后的草色与花香，在我的心灵底里缓缓的流出（方才初下笔时我不知道我当时曾经那样深沉的默察，要不然我便不能如此致密的叙述），我恨不能画。辜负这种秋色：我恨不能乐，辜负这秋声，我的笔太粗，我的话太浊，又不能恰好的传神这深秋的情调与这淡里透浓的意味；但我的魂灵却真是醉了。我把住了这馥郁的秋酿巨觥。我不能不尽情的引满，那滑洌的冽液淹进了我的咽喉。浸入我的肢体，醉塞了我的官觉，醉透了我的神魂：XX假如你也在那静默的意境里共赏那一山淡金的菩提，在空灵中飞舞，潜听那虫蚀的焦叶在你脚下清脆的碎裂！

　　更有那冷夜月影；除是我决心牺牲今夜的睡。我再不轻易的挑动我的意绪！炉火已渐缓，夜从窗纱里幽幽渗入，我想我还是停笔的好，要不然抵拼明日的头痛。但同时"秋思"仍源源的涌出——内院的海棠已快赤哩，那株柿树亦已卸却青裳，只剩一二十个浓黄的熟果依旧高高的紧恋着赤露的枝干，紫藤更没有声息，榆翁最是苍苍的枯秃——我内心的秋叶不久也怕要飘尽了，XX，你替我编一只丧歌罢！

志摩寄思

［××××年×月×日］

致凌叔华　24××××

　　今天下午我就存心赖学，说头疼（是有一点）没去，可不要告诉我的上司，他知道了请我吃白眼，不是顽儿的。……真是活该报应，刚从学生那括下一点时光来，正想从从容容写点什么，又教两个不相干的客人来打断了，来人也真不知趣，一坐下就生根，随你打哈欠伸懒腰表示态度，他们还你一个满不得知！这一来就花了我三个钟头！我眼瞟着我刚开端的东西，要说的话尽管在心坎里小鹿似的撞着，这真是说不出的苦呢。他们听说这石虎胡同七号是出名的凶宅，就替我着急，直问我怕不怕，我的幽默来了，我说不一定，白天碰着的人太可怕了，小可胆子也吓出了头，见鬼就不算回事了！X，你说你生成不配做大屋子的小姐，听着人事就想掩耳朵，风声，鸟闹（也许疯话）倒反而合式：这也是一种说不出口的苦恼。我们长在外作客的，有时也想家（小孩就想妈妈的臂膀做软枕……）但等到回了家，要我说老实话时，我就想告假——那世界与我们的太没有亲属关系了。就说我顶亲爱的妈罢，她说话就是画圆圈儿，开头归根怨爸爸这般高，那般矮，再来就是本家长别家短，回头又是爸爸——妈妈的话，你当然不能不耐心听，并且有时也真有意味的见解，我妈她的比喻与［似为"里"］"古老话"就不少，有时顶鲜艳的：但你的心里总是私下盼望她那谈天的（该作谈"人"的）轮廓稍为放宽一些。这还是消极一方面：你自己想开口说你自己的话时那才真苦痛；在他们听来你的全是外国话，不直叫你疯还是替你留面子哪！真是奇怪，结果你本来的话匣子也就发潮不灵了。所以比如去年这个时候，我在家里被他们硬拉住了不放走，我只得恳请到山脚下鬼窝庐里单独过日子去。那一个来月，倒是顶有出息，自己还享受，看羊吃草，看狗打架，看雨天露濛里的塔影，坐在"仙人石"上看月亮，到庙前听夜鸦与夜僧合奏的妙乐，再不然就去戏台里寄宿的要饭大仙谈天——什么都是有趣，只要不接近人，尤其是体面的。说起这一时山庐山才真美哪，满山的红叶，白云，外加雪景，冰冷的明星夜，（那真激人），各种的鸟声，也许还有福份听着野朋友的吼声……X，我想着了真神往，至少我小部分的灵魂还留在五老峰下，栖贤桥边（我的当然纯粹是自然的，不是浪漫的春恋）。那边靠近三叠涧，有一家寒碧楼是一个贵同乡，我忘了谁的藏书处，相当不俗的客时，主人也许下榻。假如我们

能到那边去过几时生活——只要多带诗笺画纸清茶香烟（对不住，这是一样的必需品），丢开整个的红尘不管不问，岂不是神仙都不免要妒羡！今年的夏天过的不十分如意，一半是为了金瓜，他那哭哭啼啼的，你也不好意思不怜着点儿不是？但这一怜你就得管，一管，你自个儿就毁。我可不抱怨。那种的韵事也是难得的。不过那终究是你朋友的事，就我自己说，我还不大对得住庐山，我还得重去还愿，但这是要肩背上长翅膀的才敢说大话，X，您背上有翅膀没有：有就成，要是没，还得耐一下东短西长！说也怪，我的话匣子，对你是开定的了，管您有兴致听没有，我从没有说话像对你这样流利，我不信口才会长进这么快，这准是X教给我的，多谢你。我给旁人信也会写得顶长的，但总不自然，笔下不顺，心里也不自由，不是怕形容高词太粗，就提防那话引人多心，这一来说话或写信就不是纯粹的快乐。对你不同，我

不怕你，因为你懂得，你懂得因为你目力能穿过字面，这一来我的舌头就享受了真的解放，我有着那一点点小机灵就从心坎里一直灌进血脉，从肺管输到指尖，从指尖到笔尖，滴在白纸上就是黑字，顶自然，也顶自由，这真是幸福。写家信就最难，比写考卷还不易，你提着笔（隔几时总得写）真不知写什么好——除了问妈病或是问爸要钱！（下略）

[一九二四年×月×日]①

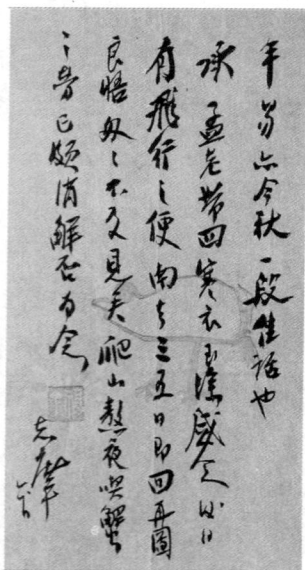

徐志摩手迹

① 原信不署年、月、日，1935年8月9日《武汉日报》副刊《现代文艺》第26期以《志摩遗札之一》为题发表，发表时略去收信人。但考其信的内容当作于1924年，徐志摩从庐山回来以后。

致凌叔华　24××××

　　今天整天没有出门，长袍都没有上身，回京后第一次"修道"，正写这里你的信来了，前半封叫我点头暗说善哉善哉，下半封叫我开着口尽笑自语着捉捐捉捐①！ XX，你真是个妙人。真傻，妙得傻，傻得妙——真淘气，你偏爱这怪字，傻，多难写，又象粽子的粽字，他那一个钢叉四颗黑豆，真叫人写得手酸心烦！你想法子改一个字好否？要不然我们就想法子简笔，再要不然，我宁可去学了注音字母来注音，这钢叉黑豆八字胡子小果橙儿放在一堆的顽意儿实在有些难办！好呀，你低着头儿，"钢叉黑豆八字胡子果橙儿连在一起"（我宁可这样来顺手）的笑，谁知道你在那里提捐出坏主意哪！什么枣子呀，苹果呀，金瓜呀，关刀呀，铁锤呀，圆球呀，板斧呀全到门了，全上台了，真有你的，啊！你倒真会寻乐，我说得定你不仅坐在桌上吃喝时候忍不住笑，就是你单个儿坐在马车里，睡在被窝里，早上梳洗的时候，听先生讲书的时候——一想着那一大堆水果鲜果兵器武器（而且你准想着）你就撑不住笑，我现在拿起你未了那张信页放在耳朵边听时都好像还听你那格支格支的"八字胡子"等等的笑哪！北京人说"损"。大姑儿你这才损哪！我想我以后一定得禁止你画画了，真是，信上写着就叫人够受，你要是有兴致时，提起管夫人来把什么金瓜脸马脸（对

————————

① 捉捐一语，为海宁土话，作"损"讲。

呀，你还忘了张彭春哪！）青龙偃月刀脸等等全给画了出来，再回头广告讽刺画滑稽写真的展览会可不是顽儿！真得想法发子来制度你才好。你知道现在世界上最达观最开通不过我们的萧伯纳。他是超人至人。但是他有一次也真生了气，他闷了好几天哪，为的是有一位与尊驾同等天才的Max Beerbom开了他一个小顽笑——他画一个萧伯纳，头支着地板，脚顶着天花板，胡子披一个潇洒出群，谁看了都认识是"萧"，谁看了都得捧着肚子笑，萧先生自己看见了可真不乐意，他没有笑——那画实在太妙了，所以你看你这捣乱正是政府派说的危险分子，以后碰着你得特别小心才是，要不然就上你当，让你一个人直乐——我们卖瓜果的准吃大亏！

真淘气的孩子，你看，累得我罗嗦了老半天没有说成一句话。本来我动手写信时老实说，是想对你发泄一点本天的闷气，太阳也没出来，风象是哭，树上叶子也完了，几根光光的枝叉儿在半空里擎着，象是老太太没有牙齿关不住风似的，这看了叫人闷气。我大声的念了两遍雪莱的《西风歌》，正合时，那歌真是太好了，我几时有机会伴着你念好吗？（下略）

凌叔华

［一九二四年秋］①

---

① 考其内容当作于1924年秋。

致凌叔华　241123

　　今天又是奇闷；听了刘宝全以后，与蒋××回家来谈天，随口瞎谈。轻易又耗完半天的日影，王××也来了，念了几篇诗，一同到春华楼吃饭，又到正昌去想吃冰淇淋，没了！只得啜一杯咖啡解嘲，斜躺在舒服的沙发上，一双半多少不免厌世观的朋友又接着谈，咖啡里的点缀是鲜牛酪，谈天里的点缀是长嘘与短叹，回头铺子要上门了，把我们撵了出来，冷清清的街道，冷冰冰的星光，我们是茫茫无所之、还是看朋友去。朋友又不在家，在他空屋子里歇了一会儿，把他桌上的水果香烟吃一个精光、再出来到王××寓处，呆呆的坐了一阵子，心里的闷一秒一秒的增加了——不成，还是回老家做诗或是写信或是"打坐"吧。惭愧。居然涂成了十六行的怪调。给你笑一笑或是绉一绉眉罢。

　　　　"为要寻一颗明星"
　　　　我骑着一匹拐腿的瞎马，
　　　　向着黑夜里加鞭；——
　　　　向着黑夜里加鞭，
　　　　我骑着一匹拐腿的瞎马！

　　　　我冲入这黑绵绵的荒野，
　　　　为要寻一颗明星；——
　　　　为要寻一颗明星，

我冲入了这黑连连的荒野。

累坏了，累坏了我胯下的牲口，
那明星还不出现；——
那明星还不出现，
累坏了，累坏了马鞍上的身手。

这回天上透出了，水晶似的光明
黑夜里倒着一只牲口，
荒野里躺着一具尸首，——
这回天上透出了水晶似的光明！

[一九二四年] 十一月二十三日夜十时①

凌叔华

---

① 原信不署年月日，由《为要寻一颗明星》一诗作于1924年11月23日可
知，此信亦写于1924年11月23日。

致凌叔华①　24××××

　　不想你竟是这样纯粹的慈善心肠。你肯答应常做我的"通信员"。用你恬静的谐趣或幽默来温润我居处的枯索，我唯有泥首！我单怕我是个粗人，说话不瞻前顾后的，容易不提防得罪人；我又是个感情的人，有时碰着了怅触，难保不尽情的吐泄，更不计算对方承受者的消化力如何！我的坏脾气多得很，一时也说不尽。同时我却要对你说一句老实话。XX，你既然是这样诚恳，真挚而有侠性。我是一个闷着的人，你也许懂得我意思。我一辈子只是想找一个理想的"通信员"，我曾经写过日记，任性的滥泛着的来与外逼的情感。但每次都不能持久。人是社会性的动物。除是超人，那就是不近人情的，谁都不能把挣扎着的灵性闷死在硬性的躯壳里。日记是一种无聊的极思（我所谓日记当然不是无颜色的起居注。）最满意最理想的出路是有一个真能体会，真能容忍，而且真能融化的朋友。那朋友可是真不易得。单纯的同情还容易，要能容忍而且融化却是难，与朋友通信或说话，比较少拘束，但冲突的机会也多，男子就缺少那自然的承受性。但普通女子更糟。因为她们的知识与理性超不出她们的习惯性与防御性，她们天生高尚与优秀的灵性永远钻不透那杆毛笔的笔尖儿。理性不透彻的时候，误会的机会就多，比如一块凹形的玻璃，什么东西映着就失了真象。我所

① 此信不署日期，考其内容当在1924年冬天。

以始终是闷着的。我不定敢说我的心灵比一般的灵动些，但有时心灵活动的时候，你自己知道这里面多少有真理的种子，你就不忍让他闷死在里面，但除非你有相当的发泄的机会与引诱时，你就不很会有"用力去拉"的决心。虽则华茨华士用小猫来讽喻诗人：他说小猫好玩，东跳西窜的玩着树上的落叶，她玩她的，并不顾管旁边有没有人拍手叫好，所以艺术家的工作也只是活力内迫的结果，他们不应当计较有没有人赏识。但这是理论。华老儿自身就少不了他妹妹桃绿水的灵感与同情。我写了一大堆，我自己也忘了我说的是什么！总之我是最感激不过，最欢喜不过你这样温的厚意，我只怕我自己没出息，消受不得你为我消费的时光与心力！

[一九二四年冬]

凌叔华

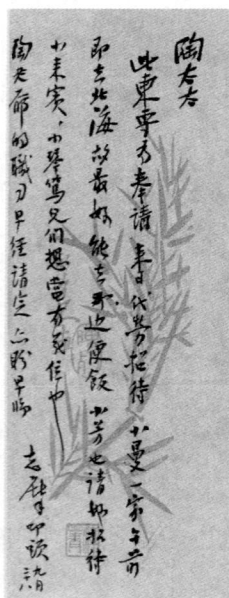

徐志摩手迹